倾听与改变

"我"小学的最后一学期

孙小冬 / 著

吉林出版集团股份有限公司

图书在版编目（CIP）数据

倾听与改变："我"小学的最后一学期 / 孙小冬著.
— 长春：吉林出版集团股份有限公司, 2019.6
ISBN 978-7-5581-6918-2

Ⅰ.①倾… Ⅱ.①孙… Ⅲ.①小学语文课—教学研究
Ⅳ.① G623.202

中国版本图书馆CIP数据核字(2019)第110226号

倾听与改变："我"小学的最后一学期

著　　　者	孙小冬
责任编辑	齐　琳
责任校对	周　骁
封面设计	刘　伟
开　　　本	710mm×1000mm　1/16
字　　　数	200千字
印　　　张	13
版　　　次	2019年6月第1版
印　　　次	2019年6月第1次印刷
出　　　版	吉林出版集团股份有限公司
电　　　话	总编办：010-63109269
	发行部：010-85173824
印　　　刷	河北盛世彩捷印刷有限公司

ISBN 978-7-5581-6918-2　　　　定价：46.00元
版权所有　侵权必究

本书系江苏省教育科学"十三五"规划2016年度课题"基于'倾听儿童'的小学语文教学的理论与实践研究"(立项编号：C—c/2016/02/123；主持人：顾小兰、孙小冬）研究成果。

自序

PREFACE

截至这学期，我已经工作30年了。在过去的30年里，我带了近20个六年级毕业班。因为我们班的孩子几乎每天都写日记，所以我每天都能读到大量的日记。读这些日记的时候，一个个孩子就像站在我面前跟我说话，说他们的快乐、他们的悲伤、他们的顽皮可爱、他们的痛苦无奈……这些日记让我看到了孩子们最真实的生活、最真实的想法，听到了他们心底的声音——遗憾的是，这些生活、这些想法、这些声音有许多是老师和家长看不到、听不到，甚至可以说是根本想不到的。但即便如此，这些日记在我眼里依然仅仅是日记，直到遇到冯卫东先生和他带来的"倾听教育"。

2009年，经时任江苏省如皋师范学校附属小学校长郭其龙先生的"牵线搭桥"，我有幸和一群同事在南通市教科院冯卫东副院长的指导下做"倾听教育"研究。"倾听教育"既可以理解为"关于倾听"的教育，也可以理解为以"学会倾听"为目的的教育。具体地说，就是指在课堂、课外等情境中，通过一定的学校行为使全体人员（含管理者、教师和学生，还包括学生家长）学会倾听、善于倾听、乐于倾听，并由此得到较大化、较优化的教育效益、生命体验、人生成长的一种教育理念、教育方法等。冯卫东先生反复强调，教育就是倾听，倾听就是教育。的确是这样的，"哪一种行出由衷的教育行为不是在倾听，或者不经由倾听这一通道而得以达成？又有哪一种发自肺腑的倾听行为不是在进行教育——对教育对象的教育，对自我的教育？"（冯卫东语）但让人遗憾的是，当下的教育教学最缺少的就是倾听。没有倾听，我们眼里就没有有血有肉的学生，他们只是完成教育教学任务的背景，只是获取分数的工具；没有倾听，就不可能有好的教育教学，因为"教育的过程是教育者与受教育者互相倾听与应答的过程。当这一过程被阻断或处于混乱无序的状态时，师生之间的交往和沟通就将陷入困境，教育的危机也将随之出现。"（李政涛语）所以，钱理群先生说："有时候教师只需要做一个倾听者。"而冯卫东先生则说："倾听是教育教学的第一块多米诺骨牌。"——基于这样的认识，我发现了这些日记最重要的价值：它们不就是我们最需要倾听的、学生发出的最真实的声音吗？它们不就是我们教育教学的出发点吗？它们不就是我们研究儿童最珍贵的、原生态的资料吗？

于是我开始着手收集、整理这些年来学生的日记——我觉得自己就是在完成一项很有意思的、漫长而艰巨的"田野调查"。小学的12个学期里，六年级下学期显然是孩子、家长、老师压力最大的一个学期，当然也是各种问题集中暴露的一学期。所以我以小学的最后一学期为倾听的时间段，从开学的第一天到学期的最后一天，每天至少选取一篇日记，以此来呈现、或者说是记录孩子们这学期的生活——这就有了这本书的上篇：《倾听："我"小学的最后一学期》。

我是个做事很慢的人，完成这部分内容竟然陆陆续续地用了七八年的时间。这七八年间，中国社会的方方面面都有了很大的进步，都发生了巨大的变化，但教育似乎是个例外——日记里七八年前一些不合理的做法在当下依然是普遍存在的现象——我们的教育跟七八年前相比，并没有发生真正的改变，依然在顽强地重复着某些错误或者说某些错误反而在不断地得到强化——这当中最突出的问题是对学生主体地位的忽视。我个人认为，"倾听""倾听儿童"是弥补这一缺憾的最重要的途径和方法。所以，2016年，我和南通师范学校第一附属小学的顾小兰老师合作申报了江苏省教育科学"十三五"规划课题"基于'倾听儿童'的小学语文教学的理论与实践研究"，随着研究的不断推进，我对倾听也有了更深的认识和理解。

在我看来，"倾听"首先意味着安全。一个善于倾听的老师不会仅仅从自己的想法出发，在做出任何判断之前，他一定会细细地倾听学生。于是，他的声音、他的目光、他的心就会变得无比温柔，他就会无比理解孩子，就会无限靠近孩子。他的学生不必担心出错，不必害怕责罚，因为，倾听给他们带来了安全感，他们可以按照自己的方式表达意见，可以按照自己的方式解决问题，可以按照自己的节奏成长。

"倾听"意味着不断地调整。善于倾听的老师绝对不会唯我独尊、孤芳自赏、高高在上。他会自觉地矮下身段，会以仰视的姿态观察学生。这时，他就能在孩子们身上发现许多成人所稀缺的想象力、创造力以及人性的光辉，他就会发现儿童的伟大，他就会心悦诚服地以儿童为师，他就会不断地调整自己的教育教学方式，让它跟儿童向上向善的天性形成共振，更好地引领学生的成长。

　　"倾听"意味着各种可能。苏霍姆林斯基《给教师的建议》第一条就是："请记住，没有也不可能有抽象的学生。"他反复提醒我们，在教学中应该"采取个别对待的态度"。而"个别对待"的前提就是要倾听学生，在不同的声调中听出差异，听出"具体的人"。只有听到了"具体的人"，"因材施教"才能成为可能，各种观点或立场才能得以"差异性存在"，富于个性的人和观点才能得到保护和发展。

　　当然，倾听还意味着尊重、接纳、谦虚、开放、包容等极其丰富的意蕴，它给我带来了无穷无尽的营养，不断地滋养着我，改变着我——这就有了这本书的下篇：《改变：我的思考与实践》。这部分的随笔、案例、书评、论文也许并没有什么惊人之语，但都来自于我的教育教学实践，都发自内心，都能让我感受到倾听的力量——我想说，拥有倾听的教育教学是和谐的、快乐的，甚至可以说是一种享受——我不是唱高调，很多时候，我觉得和孩子们在一起就是享受。

　　出一本书对我来说不是一件容易的事，在这里要特别感谢周海棋先生，这些年来他一直关注着我的成长，对我的研究给予了许多鼓励和帮助；感谢冯卫东副院长、王爱华老师、胡海舟教授，情绪低落的时候，犹豫徘徊的时候，茫然无绪的时候，我总能从他们那里获得力量，找到方向；感谢江苏省如皋师范学校附属小学、昆山市花桥中心小学的校领导、同事、可爱的学生还有家长们，也许大家不会想到，我努力前行的最根本的动力是你们的信任和期待。我无法预测这本书出版后的命运，但我希望所有打开它的人都能听到我真诚的心跳——我相信，倾听过后改变就会发生。

孙小冬
2019年1月　昆山

目录

上 篇 倾听："我"小学的最后一学期

第一周 开学·冤屈·新同学……………………………………002

2月21日	星期四	黑色的第一天	002
2月22日	星期五	新来的同学／当"将军"的感觉	003
2月23日	星期六	"窦娥冤"	004

第二周 计划·竞选·小蜜蜂……………………………………006

2月24日	星期日	计　划	006
2月25日	星期一	我该选谁	007
2月26日	星期二	上任第一天	008
2月27日	星期三	第一场考试／今晚要去吃火锅	009
2月28日	星期四	蜜蜂"嘤嘤"	011
3月1日	星期五	妈妈今天不在家	012
3月2日	星期六	电话罢工	012

第三周	抢劫·默写·妇女节		014

3月3日	星期日	遭遇抢劫	014
3月4日	星期一	说变就变	015
3月5日	星期二	空等一场	016
3月6日	星期三	欢畅的小鱼	017
3月7日	星期四	一朵"地震云"	018
3月8日	星期五	给妈妈的信/令人头晕的妇女节	020
3月9日	星期六	吃蛋糕	021

第四周	狗狗·歹徒·升旗手		023

3月10日	星期日	我醉了	023
3月11日	星期一	今天我是升旗手	024
3月12日	星期二	和小狗比舌头/给小狗取名字	025
3月13日	星期三	给狗床画画	026
3月14日	星期四	"歹徒"来了	026
3月15日	星期五	谁去科技社团	027
3月16日	星期六	我怎么成了霸王龙	028

第五周	妈妈·冲突·大上海		030

3月17日	星期日	妈妈的两个坏毛病/真吓死人了	030
3月18日	星期一	吹口琴/又要经受暴风雨了	031
3月19日	星期二	批默写本	032
3月20日	星期三	张琪和吴枚(一)	034
3月21日	星期四	张琪和吴枚(二)	035
3月22日	星期五	长尺,来之不易	036
3月23日	星期六	上海有什么好	037

第六周　红笔·官司·没发现 ·· 038

3月24日	星期日	快乐的小鸟/糖果王国	038
3月25日	星期一	害人的成克杰	039
3月26日	星期二	"要人命"的红笔	040
3月27日	星期三	笔墨官司（一）	041
3月28日	星期四	笔墨官司（二）	041
3月29日	星期五	笔墨官司（三）	042
3月30日	星期六	什么都没发现	044

第七周　黑色·上坟·出板报 ·· 045

3月31日	星期日	智能酒杯/称职的路灯/未来的书包	045
4月1日	星期一	今天的作业逃不了	047
4月2日	星期二	老师为什么会生气	047
4月3日	星期三	老师不在的时候	048
4月4日	星期四	上　坟	049
4月5日	星期五	出板报	050
4月6日	星期六	黑色的星期六	050

第八周　魔法·伤悲·求签字 ·· 052

4月7日	星期日	魔法学校	052
4月8日	星期一	又要考试了	054
4月9日	星期二	我被骗了	054
4月10日	星期三	我的明天会有彩虹吗	055
4月11日	星期四	请妈妈签字	056
4月12日	星期五	最爱我的人	057
4月13日	星期六	我会回来的	058

第九周　逛街·生日·运动会 ··· 060

4月14日	星期日	拿着一元钱逛街	060
4月15日	星期一	什么都可以当老师	061
4月16日	星期二	小学的最后一次运动会	062
4月17日	星期三	终生难忘的失败	063
4月18日	星期四	小伟的精彩表演	064
4月19日	星期五	祝我生日快乐	064
4月20日	星期六	渴望门铃	065

第十周　"活宝"·紧张·搬教室 ··· 067

4月21日	星期日	小鸡肚肠	067
4月22日	星期一	我岂能被你吓倒	068
4月23日	星期二	搬教室	069
4月24日	星期三	"特工"孙老师	070
4月25日	星期四	想不紧张有点难／我的脸不白了	071
4月26日	星期五	重回老教室	073
4月27日	星期六	"活宝"老爸	073

第十一周　耍酷·绝望·"五一"节 ··· 075

4月28日	星期日	一声"鸡啼"	075
4月29日	星期一	爱耍酷的王名	076
4月30日	星期二	绝　望／"打人去了"	077
5月1日	星期三	这到底算什么／催眠的好办法	078
5月2日	星期四	还不如去考试／包饺子	079
5月3日	星期五	本次挑战失败	080
5月4日	星期六	母爱的味道	081

第十二周　混战·爸爸·孙老师·················083

5月5日	星期日	珍稀动物	083
5月6日	星期一	孙娟的脸红了	084
5月7日	星期二	吹牛状元	084
5月8日	星期三	贪吃的"猪宝宝"	085
5月9日	星期四	爸　爸	086
5月10日	星期五	孙老师是不是有问题	087
5月11日	星期六	护城河的柳	088

第十三周　轮回·"蒙难"·想不到·················090

5月12日	星期日	真想不到	090
5月13日	星期一	总不能在厕所里过一辈子吧	091
5月14日	星期二	自寻死路	092
5月15日	星期三	就让着他点吧	092
5月16日	星期四	糟糕的早晨	093
5月17日	星期五	厕所"蒙难记"	094
5月18日	星期六	轮　回	095

第十四周　比赛·话别·报词语·················097

5月19日	星期日	我该不该开门	097
5月20日	星期一	总复习的第一天	098
5月21日	星期二	挥之不去	099
5月22日	星期三	"话别"	100
5月23日	星期四	广播操比赛	101
5月24日	星期五	抓心的滋味	102
5月25日	星期六	请爸爸妈妈报词语	103

第十五周　后悔·笑话·家长会 ·· 105

5月26日	星期日	令人不安的家长会	105
5月27日	星期一	没听懂	106
5月28日	星期二	对不起	106
5月29日	星期三	无话可说	107
5月30日	星期四	爸爸要远行	108
5月31日	星期五	他比曹操更厉害	109
6月1日	星期六	笑话三则	109

第十六周　生日·信箱·看黑板 ·· 111

6月2日	星期日	"魔高一尺，道高一丈"	111
6月3日	星期一	讨厌的默写	112
6月4日	星期二	生在六月	113
6月5日	星期三	"把嘴闭上"	113
6月6日	星期四	见缝插针看黑板	114
6月7日	星期五	99分随想曲	115
6月8日	星期六	信　箱	116

第十七周　忙乱·水痘·"植物人" ·· 117

6月9日	星期日	就让他们陪我吧	117
6月10日	星期一	百口难辩	118
6月11日	星期二	苦	119
6月12日	星期三	"难道你是个植物人"	119
6月13日	星期四	手忙脚乱	120
6月14日	星期五	在王兴得水痘的日子里	121
6月15日	星期六	天神和女奴	122

第十八周	难眠·等待·为什么		124
6月16日	星期日	美丽的颜色	124
6月17日	星期一	强装笑颜	125
6月18日	星期二	将来我也去隐居 / 难眠之夜	125
6月19日	星期三	幸运纸巾 / 简直就像一场梦	127
6月20日	星期四	烦人的电话	130
6月21日	星期五	等待 / 为什么	131
6月22日	星期六	祝你考个好成绩 / 真的非常感谢你呀，老师	132

下　篇　改变：我的思考与实践

当堂检测：请放缓你的脚步	136
提醒廉颇的那个人是谁	139
我挑学生打笔仗	142
三教《埃及的金字塔》	147
"补白"需谨慎，"练笔"不随意	153
天的尽头　书的世界	157
把自由阅读的梦还给学生	161
课堂教学：请呵护孩子的心理安全	166
坚守常识：叶圣陶作文教学思想的核心内涵	173
倾听儿童：建设以"学"为中心的课堂	180

参考文献　189

上 篇
倾听：“我”小学的最后一学期

> "这时，爸爸就像一头暴怒的狮子，冲着我咬牙切齿、大吼大叫，那样子，恨不得要把我一口吞下去！'刷刷刷'，他又出了三道题，我接过来，默默地做着，拿着笔的手不住地颤抖，眼泪不知什么时候已经流了下来，周围静极了，空气仿佛凝固了一般……八点二十分，我终于过关了。"
>
> ——李路《总复习的第一天》

第一周　开学·冤屈·新同学

> "六年级的第一天就是黑色的,我真不敢想象以后的日子——这黑色一点一点铺开的日子会是什么样子!"
>
> ——张　紫《黑色的第一天》

2月21日　星期四
黑色的第一天

老樟树还是那样苍劲,教学楼还是那样雄伟,校园还是那样宁静,但快乐的日子却远远地离我们而去了,因为我们已经走到了小学的最后一学期。

很早,我就醒了,可是仍紧闭双眼,不愿起床。是懒惰吗?不!不是!我只是害怕,害怕去面对小学的最后一学期,害怕去面对小升初那残酷的考试。可害怕有什么用呢?现实又不会因为我的害怕而改变。于是,我不情愿地起了床,不情愿地背上了书包,不情愿地向学校走去。

孙老师最先走进教室,简单地说了几句后,话题就转到了毕业考试上。说着说着,他竟然翻开几篇作文读了起来——全是描写毕业考试前后紧张、不安心理的作文。我越听越紧张,不冷的天气竟然有了几分寒意——这可是几年前的同学写的作文,当时就考三门,他们就被整成那样,现在得考五门,我们岂不更惨!

正想着,安老师进了教室,又是一股逼人的寒气从四面八方围住了我。果不其然,安老师一开口便是:"祝大家新年快乐,祝大家在毕业考试中取得好成绩!"好好的祝福的话语,可我却怎么听怎么不舒服。安老师离开教室时还不忘补上一句:"只剩下四个月了,可要加油啊!"我对这句话再熟悉不过了——爷爷说过，奶奶说过，姑姑说过，爸爸说过，妈妈说过……四个月，只有四个月了！成绩平平的我，要想在四个月的时间里来个突飞猛进，难度多么大呀！四个月，近得让我的呼吸都有些急促了！

英语老师来了，当然也离不开"毕业""考试""分数""四个月"这些字眼，老师也真是的，除了这些，真的没别的可讲了吗？

六年级的第一天就是黑色的，我真不敢想象以后的日子——这黑色一点一点铺开的日子会是什么样子！

（张紫）

2月22日　星期五
新来的同学

这学期，我们班又转来了两个同学。坐在一组一号的那个小女生叫许梦月，诗意的名字加上一张漂亮的鹅蛋脸，让人觉得她是一个从画上走下来的古代仕女。

坐在我前面的男生叫顾明。他说他是在部队里出生，在部队里长大，因为爸爸工作调动才从青岛转到我们学校来的。不说不像，仔细"品味"，他身上还真有些"军味"呢！黝黑的皮肤、笔直的腰杆、不苟言笑的神情……处处都给人一种凛然不可侵犯的感觉。我们几个女生一致认为，如果把《今天我是升旗手》拍成电影的话，他肯定是演"肖晓"的最佳人选。

不过，这个"肖晓"有时挺傲的，比如昨天上音乐课时，他就不屑一顾地说："我们那儿早就学五线谱了！"言下之意就是你们怎么还唱简谱。他的话严重伤害了我的自尊心，我本来要跟他理论一番的，但转念一想，他毕竟是新来的，说句错话也不应该太计较，所以也就没有搭理他。①

（陶钦）

---

① 这篇日记后来引发了一场"笔墨官司"，详见第六周日记《笔墨官司》。

当"将军"的感觉

简直不敢想象,今天排座位时,我这个块头不算很小的女孩竟然被老师安排到了第一排!坐在2组1号的新位子上,我兴奋极了:一会儿与小个子陈鑫打个招呼,一会儿与"萝卜头"蔡元杰握握手……

哈哈,现在的我已经成了矮子里的将军啦!如果全世界就只有我们第一排的8个人,那我岂不是可以当空姐?岂不是可以做名模?岂不是可以到国家篮球队打中锋!

"哈哈……"想着想着,我忍不住笑出声来。我很想把笑的原因告诉周围的同学,但又怕他们说我是井底之蛙,白日做梦。所以,我硬生生地把到嘴的话咽下去,对谁也没说。

(陈洁)

2月23日 星期六
"窦娥冤"

人人都说窦娥冤,她的冤屈能让六月飞雪,血溅白练。我觉得爷爷的冤情也不比窦娥差到哪儿去,他应该是历史上第二个窦娥吧!

"哈哈哈……"阳台上回荡着我和妹妹的笑声,我们正在玩烟花呢!我眯着眼睛,一只手捂着耳朵,另一只手拿着一个会旋转的烟火,像掷飞镖似的迅速地向窗外抛去。这小家伙真调皮,它不想这么快就离开我们,于是就闪着灿烂的绿光,先是跑到鸟笼边,把两只小鸟弄得上蹿下跳,接着又闪到花儿旁,把小花吓得直哆嗦。最后,它用尽全身的力气,从阳台上一跃而起,在茫茫黑夜中画出一条恍若彩虹的弧线,飞向大地妈妈的怀中。

——可是,我没有听到烟火落到地面的爆炸声,相反,却闻到了一股浓浓的焦味,一种不祥的预感像乌云般罩上了我的心头。我飞奔着跑到窗前一看——果不其然,挂在窗外的爷爷的保暖内衣上出现了两个不大不小的"熊猫眼",此刻,它们正虎视眈眈地盯着我呢!我吓得浑身一激灵,关上窗户,拉起妹妹，飞也似地逃出了这"是非之地"，躲进自己的房间。

晚饭后，奶奶那如河东狮吼般的训斥在屋内炸开了。不用说，一定是东窗事发了。可天意弄人，上帝给我送来了爷爷这个替罪羊，有好戏看了：

客厅里，平时神气活现的爷爷变成了一只温顺的小绵羊，而对爷爷百依百顺的奶奶，说得不好听点，活像个母夜叉，瞪得圆溜溜的眼睛里似乎燃烧着熊熊的烈火。

爷爷明显底气不足，但仍然小声嘀咕："怎么可能？我很小心呀！"

听了这话，奶奶的火气像浇了油似的更大了，她拧着爷爷的耳朵吼道："还敢狡辩！还敢狡辩！！不想活了，叫你别抽烟别抽烟，可你总是左耳朵进右耳朵出，今天把衣服烧掉了，下次还不把房子给点了！"

看到这令人哭笑不得的场面，我忍不住走出房间，拉着奶奶的衣角撒娇地说："奶奶，您别生气，这衣服是被我用烟火炸坏的。"

奶奶好像不相信自己耳朵，眼睛瞪得如铜铃般大小，仿佛一碰就会发出丁零零的声响。我偷偷望了望爷爷，不好，赶紧跑！爷爷的头发根根直立着，这个"大爆竹"要炸了！

（周露）

第二周　计划·竞选·小蜜蜂

> "我看了，心里一热，立即铺开一张纸，在上面写道：'OK，没问题！'然后卷起来向张赤扔去。"
>
> ——江　翔《我该选谁》

2月24日　星期日

计　划

老师让我们每人订一个计划，于是，我就订了。

第一，早晨6点钟起床，读20分钟英语，读10分钟《品德与社会》，读10分钟《科学》，然后吃饭上学。由于是妈妈规定的，所以这是每天必做的。

第二，每周一、三、五，复习语文课文1-3篇，必须通读全文，且要记住各个知识点。可能的话，复习之后，再请妈妈帮忙，做一个小测验。

第三，星期二、四复习数学和英语。数学主要就是做课外习题。当然也要以课本为本，背熟概念、公式。英语是听录音和默写课文，争取不错一个单词。

第四，周六、日就看见什么做什么，如语文、数学、英语的《小升初试题精选》《黄金课堂》等。

还有就是要提高课堂40分钟的效率，不能把时间白白浪费掉。课间不要出去玩，要抓紧时间做作业，这样晚上复习的时间就更充裕了。

另外，妈妈说我体质下降了，所以也要加强锻炼，每天40个仰卧起坐，20个俯卧撑。

我发现，自己所写的计划还没有达到规定的400字，所以……所以就再喊几句口号吧!

"下定决心，不怕牺牲，排除万难，争取更大的胜利！" （俞淳子）

2月25日　星期一
我该选谁

因为下午要竞选班委，所以中午的教室显得热闹非凡：有的在练演说词，有的在写标语，更多的则是在进行公关活动。

我一进教室，唐建就迎了上来："江翔，江翔，今天中队长竞选你一定要投陈尧一票！"

我刚答应了唐建，张力又走过来说："好江翔，选我做中队长，怎么样？"接着他又轻轻拍拍我的肩膀："你肯定会的，因为我们从幼儿园起就是同学了，我信任你！"

我点了点头，才坐下来，张超又站到了讲台前，他像老师一样用尺敲了敲桌子，等大家都静了下来，说："今天放学后，我请大家吃羊肉串！"然后，他挨个儿走过每个同学的座位，双手抱拳说："选我吧，选我吧，我一定不会让你们失望的！"

正当我看得入神的时候，一个纸团飞到了我的桌子上，我打开一看，上面写着：

江翔：

今天你选我当中队长，行吗？本周六，我请你到我家打游戏。

你的好朋友：张赤

2月25日

我看了，心里一热，立即铺开一张纸，在上面写道："OK，没问题！"然后卷起来向张赤扔去。

就在把纸团扔出去的一瞬间，我突然发现我犯了一个极大错误：中队长

只有一个,但我好像已经答应三个人了。到时候,我该选谁呢? （江翔）

2月26日　星期二
上任第一天

早读课,我正在专心致志地读书,张丽走了过来提醒我说:"别忘了,今天是你收本子!"

"啊!什么?今天是我收本子?!对了,今天是我上任的第一天嘛,怎么给忘了。"此时,我心里有一种说不出的感觉——我不怕收本子,因为我以前也做过学习委员,只是有一段时间没干了,重操旧业,有些不好意思——同学们看到我这张新面孔会有什么反应呢?我一边惴惴不安地想着,一边离开了座位。

我首先来到了小组长吉力的身旁,清了清嗓门,一本正经地问:"吉力,本子收全了没有?"吉力点了点头,把本子递给了我。我心里很得意:吉力竟然没有发觉今天收本子的同学跟以前不一样了!

下一个目标是我的同桌孙绪,我知道她是不会放过我的,所以,我做好了心理准备,随时准备"应战"。果然,孙绪见我向她走过去,立即满脸坏笑地说:"哎呀,陶大学习委员来啦!"

我早就胸有成竹,不假思索地回应她说:"我哪儿有你强啊,中队长加组长!"孙绪本想拿我开心,谁知反被我连本带利地回了过去,便不好意思地笑了笑,再也不说什么了。

只剩下尤莎这一组了。来到尤莎面前,她见我手中拿着几组本子,恍然大悟地说:"对,今天应该是你收。不错,陶欣,工作挺负责的嘛!"听了这话,我怪不好意思的,开玩笑地说:"你们今天吃错药了,话这么多!"

好不容易把本子收全回到了座位,刚要松一口气,"金牌情报员"樊晔又兴冲冲地跑到我跟前说:"今天是你值日!"

"啊?"我像被雷击了一样,惊呆了——"什么?上任第一天就要值日,真想把我累死啊!"但埋怨归埋怨,工作还是要做的,谁叫我是学习委员呢？

上午第三节课前，开始做眼保健操了。老师还没到，教室里挺乱的，该我下去管管了。我点了好几个人的名字，他们都端正态度认真做了，可是还有几个同学的名字我实在是不好意思点，怎么办呢？有了！我走到他们身旁，用力咳嗽了几声。他们还挺自觉的，立即认真做起了眼保健操。

我又扫视了一遍教室，发现只有蒋志诚没在做眼保健操，我不由得急起来，因为这个蒋志诚有时连老师的话都当耳旁风，我管他，他会听吗？正在犹豫不决的时候，检查眼保健操的申医师出现在走廊上。"如果蒋志诚被申医师发现，我们班就要被扣分了。"想到这儿，我什么也不顾了，三步并作两步冲到了蒋志诚的课桌旁，用锐利的目光盯着他看。蒋志诚突然发现我盯着他，脸一红，连忙做起了眼保健操。看到他那窘样，我情不自禁地笑了起来。

本以为一天就这样顺顺利利地过去了。谁知下午打扫除后，孙老师不知为什么发起火来，一打听才知道是因为我们打扫速度太慢了，地还没扫好，检查的人就来了——"卫生流动红旗"当然也就被取走了。虽然我把劳动委员分配的任务不折不扣地完成了，但作为中队委员，我不应该完成任务后就出去玩，而应该去帮助扫得慢的同学。望着"卫生流动红旗"被取走后空荡荡的墙壁，我内疚极了。想不到上任的第一天，竟以这样一个令人难受的结局结束了。

（陶钦）

2月27日　星期三

第一场考试

今天进行了本学期第一次数学考试。

这次用的是AB卷。（单组和双组的同学先分别做A卷和B卷，交上去后，再分别做B卷和A卷，为的是考出真成绩。）我先做的是B卷，上面全是计算题和应用题。我小心认真地做着，生怕"一失足成千古恨"。幸亏题目不难，我一会儿就做完了。

接下去该检查了，我一题一题地重做，确信再也没有什么错误了，才交了卷。

我做A卷时，同桌做B卷。无意中，我瞥了一下他的试卷，只见他的应用题有一条是用方程解的。我头皮不由一阵发麻——那一条好像的确用方程解简便些，但我用的却是算术方法。完了！

不过，我又安慰自己，那道题又不是非要用方程解不可，我还是有希望的。

过了一会儿，同桌把卷子又翻到了那一面，我不顾一切地瞟向了应用题的大题目——完了！完了！在应用题三个字后面还跟着一行字：第3、4两题用方程解。

仿佛西伯利亚的寒流突然降临，又像维苏威火山突然喷发，我的身体忽冷忽热起来，思绪也乱成了一团，我愣在椅子上好久，过了十几分钟才反应过来——该做题了。

但是，我的心却怎么也静不下来，只是行尸走肉般机械地做着——100分已彻底与我无缘了。

以前，我从不相信"心里有两个人在吵架"的说法，我认为这全是书里编出来的。不过，此刻我信了——我心里的两个小人正在进行着一场激烈的争吵！一方拼命要心冷静下来，另一方却绝望地说："没用了！没用了！"……他们谁也说服不了谁。

不知什么时候，下课铃响了。"交！"我抱着一种"豁出去"的心态将试卷交给了组长。

过道上、走廊里，到处都是叽叽喳喳对答案的同学，我冷眼望着他们，仿佛自己是个局外人。

（张孜孜）

今晚要去吃火锅

因为在数学考试中得了100分，所以妈妈特别高兴，说今晚带我去泰华大酒店吃火锅。我一听，口水像开了闸似的往外直流。

想着那热气腾腾的火锅和那热热闹闹的场面，我浑身竟热了起来，就像有把火在熊熊地烧，照照镜子，脸已变成了一个红富士。

（孙翀）

2月28日　星期四
蜜蜂"嘤嘤"

每天中午我们都会有一段自由活动时间，这时，大部分同学会聚在一起玩"拳王"。可今天玩"拳王"的同学少了，许多人围在一张桌子旁，叽叽喳喳地议论着什么，还不时碰碰桌子中央放着的一个像小盒子似的东西。是什么有这么大的魅力，我也要看一看！

呀，原来是一只小蜜蜂，就装在桌子中间的那个盒子里！一打听才知道，小蜜蜂是薛奇养的，它还有一个好听的名字叫"嗡嗡"。"对面的小店里有许多蜂蛹，买一个回来让它自己慢慢孵化就行了。"薛奇不紧不慢地向大家介绍着，"如果等不及的话，也可以把卵轻轻地剪开，它自己会爬出来，我就是这样弄的。"这倒挺好玩的，我也要养一只！

放学后，我向妈妈要了五毛钱买了一个蜂蛹。一回家，我就拿出蜂蛹研究起来——等它孵化太慢了，还是跟薛奇一样把卵剪开吧。我先把卵外面的一层皮轻轻剥掉，然后小心翼翼地用剪刀去剪外壳。可剪刀刚碰到壳，就传来了一阵巨大的"嗡嗡"声，吓得我连忙把手缩了回来。过了一会儿声音没有了，于是我再一次把剪刀伸过去，"咔嚓"一声，卵壳破了，蜜蜂的头一下子露了出来。

看见光明的蜜蜂仿佛瞬间充足了电，它手脚并用地挤破卵壳爬了出来。我连忙把它装到一个透明的巧克力盒子里，用针在上面扎了五个通气孔。蜜蜂刚到自己的新家就爬上爬下地忙个不停，和我们人类的小宝宝完全不同。它是不是在找吃的呀？刚出生的小蜜蜂应该可以吃东西，我记得法布尔的《昆虫记》里好像是这么写的。于是，我到冰箱里找出蜂蜜滴了进去。小蜜蜂看到这透明的液体，先是上前用手沾一点尝了尝，然后就埋下头大吃起来。看到它吃得那么开心，我心里也美滋滋的。

"你在干什么？还不去写作业！"妈妈的话让我猛然清醒过来。我走进书房,飞快地拿出作业本开始写起了作业,可心里还念念不忘那可爱的小蜜蜂。

薛奇的蜜蜂叫"嗡嗡",我的小蜜蜂叫什么名字呢?对,就叫"嘤嘤"吧!小嘤嘤,我等会儿来看你,你可要乖哦!

(倪蕴彰)

3月1日　星期五
妈妈今天不在家

放学回家,我像往常一样开门后立刻扫了一眼沙发。一般,我都能看到妈妈坐在沙发上,可今天不同,沙发上空空如也,要真说有什么,那就是垫子了。

这真是千年等一回的好事啊!换好鞋,我直奔前方的房间走廊。位置关系,这一路上,我可以把三室两厅两卫尽收眼底,令人兴奋的是,妈妈真的不在家!这说明什么,儿子称霸王啊!

警觉性能与麋鹿媲美的我自然不会现在就"篡夺皇位"。我要在每一个角落寻找那个唯一能控制我的人:NO.1,衣柜;NO.2,床底下;NO.3,门后面……在把每一个地方都仔细搜索后,我就像收到了清华大学的录取通知书一样,因为妈妈的确不在家呀!

这个晚上我是自由的,而明天,有可能五雷轰顶。

(周宸皓)

3月2日　星期六
电话罢工

每天放学回家不久,电话就会"丁零零"地响起,这电话不是爸爸打的,就是妈妈打的,他们说我接了电话他们才能安心。

今天回家很久了,电话却没响。我一开始没有把这怪事放在心上,按部就班地写作业。可是到了6点,爸爸妈妈都没有回来,而且电话一直都没有响,我有些着急起来,拿起电话拨起妈妈的号码。

号码拨完了，但我听到的不是欢快的《春节序曲》，而是短促的"嘟嘟"声，我立即意识到，这个在我家"服役"了8年之久的"老爷电话"罢工了。电话呀，电话，你怎么能在这个时候掉链子呢？你知道我有多着急，爸爸、妈妈有多着急吗？

　　突然，我隐隐约约地记起妈妈好像对我说过，如果电话坏了就重启一下家里的电源总开关。我立即打开开关盒，把总开关往下一拉，屋子里顿时一片漆黑。我连忙向上一推，在有些耀眼的光明中，我又一次拨出妈妈的号码，可这一次，我不但仍然没有听到《春节序曲》，就连刚才的"嘟嘟"声都没有了。我不服气，又把总开关重启了N次，可电话依然没有声音。最后一次重启，一只灯泡"啪"的一声"光荣牺牲了，但"老爷电话"一点也不为之动容，依然是"一声不吭"。

　　我拿这个"倔脾气"的电话毫无办法，正在我不知所措的时候，门开了——是妈妈！妈妈看到我，激动得差点摔倒，她还没站稳就问："你怎么不接电话啊？"我双手一摊，肩膀一耸，吐了吐舌头，无奈地说："那个老电话坏了！"

　　这部电话在我们家工作8年了，但我们没有一个人重视它，也许它累了，也许它生气了，所以它终于"罢工"了。　　　　　　　　　　（安星恺）

第三周　抢劫·默写·妇女节

> "'烦什么烦,'爸爸瞪了我一眼,'今天你妈不在家,我请了半天假,专门看你!'"
>
> ——宋　赟《令人头晕的妇女节》

3月3日　星期日
遭遇抢劫①

在刚刚过去的寒假中,我碰到了一件倒霉的事。

1月30日大年初七,空气中似乎还能闻到淡淡的火药味。我带上几盒"鱼雷王"爆竹,和尤伟、杨肖等几个处得好的哥们去玩"轰炸叙利亚"的游戏。别看这名字取得蛮恐怖的,其实只不过是在几堆燃烧的干草上"空投"几枚"鱼雷王"而已。正巧,杨肖的表弟也来了,他自愿为我们制造空袭目标,并同时提供烧草、"投弹"等一系列的服务。有这样的"军事多面手"加入我们的"部队"自然是再好不过的事了。我正想着,没想到这小家伙动作神速——他已把草烧着了,上面还放着几枚"鱼雷王"。一时间浓烟四起,爆炸不断,颇有几分大片的味道。

大家玩得十分开心。可没想到,我们的行动招来了"联合国"的制裁——有两个小混混向我们逼来!他们一个染着红头发,穿着一条麻袋似的有许多口袋的裤子,活像一只沙皮狗,虽可爱,却隐不去阵阵让人害怕的杀气;另一个个头比较高,手里还捏着一支香烟,他摆出一副冷酷的面孔,颇

---

① 《遭遇抢劫》《说变就变》《空等一场》三篇日记由李建老师提供。

像电视剧里的"黑社会大哥",让人不寒而栗。"你凭什么在这儿玩?"红头发拉着杨肖的表弟问。杨肖的表弟吓傻了,一时间竟说不出话来。

"怎么,想打架?我们可有着优势兵力!"正当我想和他们拼一拼的时候,我方阵地却出现了逃兵——杨肖和他的表弟逃走了!真没想到,一向自称"打架功夫一流"的杨肖还没等人动手就捷足先"溜"了!那我该怎么办?"三十六计,走为上策"——快走!我和尤伟一前一后飞奔起来,拐了几道弯,绕了几幢楼,最后躲到了一个楼梯口里。

过了一会儿,见没什么动静,我们就大意起来,随手下了一步最臭的棋——站在窗口向下张望。臭棋必将苍蝇引,那两个家伙眼睛真神,竟发现了我们。他们一摇三摆地上了楼,漫不经心地问我们:"带钱没有,让老子花一花!"

"钱!笑话,凭什么要给他们?不过……万一……还是给他们吧!"正当我想拿钱时,红头发的手已经伸进了我的口袋。嘿!他们不光眼睛好,手也挺快的,也难怪,他们是这方面的"专家",是受过专业训练的呀!过了许久,红头发才将手从口袋里拿了出来。奇怪,他没拿到钱,却掏出了一把爆竹!原来我的衣服今天换了——哈哈!要偷要抢,到我家去吧!

也巧,尤伟也分文未带,这两个"法西斯"见没油水可捞,便无可奈何地走了。望着他们渐渐消失的身影,我心里越来越窝火——真该搞个"自卫反击",让他们哭着叫我们"大哥"。尤伟呢?则在一旁操练他最拿手的拳击散打,好像在发泄刚才蓄积着却没有机会用的力气。

那真是倒霉而又耻辱的一天。为此,我特意立了一块纪念碑,上面写着:"一月三十日被抢,特立此碑,以资纪念。"

(宋恺)

3月4日　星期一
说变就变

今天,我、尤伟、高弈铭在一起谈论寒假里被两个小混混抢劫的事。大家一致认为,此事乃我们破天荒头一遭的奇耻大辱。尤伟挥舞着拳头,摆出一副天不怕地不怕的架势说:"那几个混蛋真是吃了豹子胆？胆敢在太岁头上动土？唉！也怪我那时仁慈，竟放了他们，以致全班同学都笑我没用，真该把他们找来，教训一顿，让他们瞧瞧我尤某人的厉害！"说罢，又摆动身体，练起了他最拿手的"拳击散打"。

"我嘛，可不是吹，在幼儿园打架功夫就一等一的高，两个小混混算什么，十个也能把他搞定！"我这话说到了高奕铭的心坎上去了，他摆出一副凶神恶煞的模样，拍拍胸，恶狠狠地说:"这两个混混该死，等我和尤伟、宋恺、陈鑫组成'铁金刚组合'准把他们揍得哭爹喊娘，哼！现在就让他们尽情撒野去吧，反正他们也狂不了几天了！"

"好，好！这主意真妙！"我忍不住大喊起来，"我们这么多人和他们干肯定是胜券在握，今天下午放学后就行动……"

没等我说完，"铁金刚组合"的发起人高奕铭就变成了"泥菩萨"，他吃惊地望着我:"天哪，要知道，他们可厉害了，万一我们被他们打败怎么办？万一他们手上有家伙怎么办？万一……"

"是呀，他们的同伙可多了，如果他们集体治我们，你吃得消吗？"尤伟也在一旁帮腔。

奇怪，尤伟不是说要教训他们吗？高奕铭不是信誓旦旦地说要把那些小混混打得哭爹喊娘吗？怎么说变就变呢？真受不了他们！　　　　　　(宋恺)

3月5日　星期二
空等一场

天下没有不报的仇，寒假里被抢的事始终像一块石头压在我和尤伟的心上，堵得我们喘不过气来。今天放学后，我、尤伟、杨肖等人再度汇合，下定决心要搞一个"自卫反击"杀杀他们的威风。尤伟不愧是我们的统帅，昨天晚上，他不仅设计了作战方案，而且还发现了"敌军"的"老巢"。因此，对这次战斗，我们充满了信心。

"谁敢去敌巢探探？"尤伟问道，可半天也没有人应一声，大家一下子又畏畏缩缩起来。是啊，总不能自己往火坑里跳啊！尤伟有点发怒了："'不入虎穴，焉得虎子'，哪有像你们这样战斗的！"说着，拉着我的手去探所谓的"黄龙府"了。

这是一幢到处写着"拆"字的住宅楼，院门黑乎乎的，让人头皮直发麻，几扇破窗户在风中"吱呀、吱呀"地响着，听得我腿都软了。我们小心翼翼、战战兢兢地走着，似乎路上有无数个陷阱，一不小心就会掉下去似的。

忽然，我看见一个人向我们跑了过来，这可把满头大汗的我们吓坏了，我们拔腿就跑，头脑里一片空白，一直跑到大本营才反应过来，那只是一个小孩。尤伟指着我说："都是你，太胆小了，这仇还报不报！"

我立刻还击："嗨！是你拉着我跑的，怎么怪起我来了？"

杨肖见了，推了推眼镜沉思了一会儿说："依我拙见，这种办法实在是很危险，万一半路杀出个程咬金，你如何对付，还不如就在这里等着，敌人一旦出现，就杀他们个措手不及，如何？"

尤伟一听，高兴极了："此言甚妙，快，我们去找个埋伏的地方！"

尤伟选了个对着敌军老巢的巷子。这条巷子既便于观察敌情，向前走二十来步又可以顺着另一条巷子撤退到尤伟或杨肖的家里，真是个易守难攻的宝地！这时，"勤务兵"杨肖的表弟又搞来了几根木棍，大家把棍子捏得紧紧的，在巷子口不停地张望着，好及时发现敌情，杀他个片甲不留！

一分钟过去了，五分钟过去了，十分钟过去了……渐渐地，太阳偏西了，都五点多钟了，可连个敌军影子也没看见。大家都到了回家的时间了，一个个都不耐烦起来。这时尤伟长笑一声："哈哈！一定是他们见我们人多势众，吓得不敢出来了，我们就放他们一回，好吗？"

"好！"大家一边答应着，一边撒开腿往家跑去。　　　（宋恺）

3月6日　星期三
欢畅的小鱼

词语默写有错误的发完了，没有我的！刹那间，心里鲜花盛开。

017

可就在这时，孙老师又拿起一张，瞥了大家一眼，不无嘲讽地问："这是哪个无名英雄的？错了一大堆！"

我浑身一激灵，觉得自己好像是一条正在小河里畅游的小鱼，一下子被人揪住了尾巴给扔进了鱼篓里。那种惊慌、那种恐惧简直无法用语言来形容。我埋下头去，不敢看那张薄薄的纸片。不，虽然它是一张薄薄的纸片，但在我心里比"司母戊鼎"还要重！

"严语——"

听到这个名字，我条件反射般地抬起了头——这可是我的名字！"这是不是你的？"孙老师的脸上是一副似笑非笑的神情。

我怯生生地看了一眼那薄薄的纸片，不，是比"司母戊鼎"还重的纸片。一颗悬着的心"咚"的一声落地了，我长舒了一口气，斩钉截铁地说："不是我的！"因为我是用稿件纸默写的，而老师手里的是一张从"彩面抄"上撕下来的纸！虽然我眼睛近视了，可这一点我看得很清楚！

可孙老师还不罢休，固执地说："你来看一看！"

"真的不是我的！"

"看一看噻！"

"我是用稿件纸默写的！"我再一次声明。

"哦——"孙老师仿佛有点失望，但不得不放过我，重新搜索起目标来。

啊——凭借努力，我终于回到了小河里。河里多舒服呀，我游啊，游啊，自由自在，无比欢畅！

（严语）

3月7日　星期四
一朵"地震云"

放学前的几分钟，教室里跟往常一样，热闹得就像节假日的"大润发"。

"田雨心，你看窗户外面！"

我不慌不忙地抬起头，看到谢菲那家伙指着窗户外面，皱着眉，半张着嘴，五官都挤在一起了。难道真的出现了什么火烧眉毛的事？不然，像她这种"慢慢悠悠"主义者怎么会如此着急！我边想边顺着他所指的方向看过去——

"什么都没有嘛！就一大片乌云啊！"我抱怨着，刚准备埋头继续写作业，他们组的另外两个家伙却慌忙告诉我："可是那云在动啊！是地震云啊！"

一听到"地震云"，我身旁的几位可来劲儿了，纷纷停下手中的笔，开始观察那片乌云。他们伸长脑袋，两眼直直地盯着，要是那团乌云有感觉，估计早被大家盯得不好意思了。我左看右看，上看下看，却丝毫看不出个名堂。刚想问这是不是提早到的愚人节礼物，就听见身边的几个家伙大叫：

"对哦！在动诶！"

我奇怪地挠挠头："我怎么没看见啊？"听我这么说，身旁的伏晓索性丢下钢笔，一边对着那团云指手画脚，一边告诉我："你看，它在向左移！"

"是吗？"我把眼镜向上推了推，认真地盯住那片云。

一秒、两秒、三秒……直到七八秒钟后，我终于感觉到那团云在向左移动着。不过，会动的云就是地震云吗？好像所有的云都会动吧！我摇摇头，继续拿起笔写作业，脑海里却都是外面那块会动的云，而身边的那群家伙却开始了骚动：

"哇！地震了我可不想和你们死在一起！要死也要和我家的狗一起！"——这家伙还真是爱狗啊！

"哦！哦！我的山珍海味，拜拜喽！"——真是个贪吃鬼！

"我要投胎成为一条龙！"——目标好远大！！

"那就没人敢投胎成为一只凤！"另一个敏捷地回了一句。

……

放学了，大家纷纷离开了教室，谁也没有再看一眼那朵"地震云"。

（田雨心）

3月8日　星期五

给妈妈的信

妈妈：

　　一年一度的"三八"妇女节到了。您一年三百六十五天总是那么忙，今天是您的节日，就好好放松一下吧！

　　您不是想要一瓶洗面奶吗？我用零花钱买了它，放在洗手间里，晚上就可以用了，您用了一定会更漂亮！

　　妈妈，再现代一点好吗？在我的心中，您最美！

您的女儿：陈洁
3月8日

令人头晕的妇女节

　　今天是"三八"妇女节，学校放假半天。哈！下午可算自由了，真感谢普天下的妇女同志！

　　吃过午饭，看了一会儿电视，我就准备去赴吴伟的约会，可就在这时，我才发现最大的障碍——爸爸还没有去上班。要知道，他在家，我是绝对不可能出得去的。

　　爸爸哪里知道我的心事，此刻正边哼着小曲儿，边刮着胡子呢。哼，他倒自由自在，而我却急得像只热锅上的蚂蚁。时间一分一秒地过去了，可爸爸仍然没有一丝要去上班的意思，竟然又拿起了一面镜子照起来。他左照照，右瞧瞧，好像从来不知道自己长什么样似的。

　　不行，得想办法把他"弄"走，不然我肯定要迟到。于是，我走到爸爸跟前说："爸，你现在几点上班？"

　　"一点半。"他连头都没抬，仍在欣赏自己的"花容月貌"。

"呀,老爸,现在一点二十五了,你还不赶快走,就要……"

"烦什么烦,"爸爸瞪了我一眼,"今天你妈不在家,我请了半天假,专门看你!"

我的头一阵眩晕!

(宋赟)

3月9日　星期六
吃蛋糕

"还有这么多蛋糕,谁来跟我一起来把它吃掉。"妈妈口齿不清地说着,两眼在我和爸爸身上扫来扫去。

我摸摸圆鼓鼓的肚子,懒洋洋地说:"反正我已经吃饱了,如果再吃,明天早上你看到的也许就不是我,而是一只小胖猪……"

妈妈"扑哧"一声笑了,挥了挥手,说:"你不吃就不吃,又没人逼你,哪来这么多废话!"

"我不吃!你也不要吃了,晚上吃太多不好。"爸爸两眼盯着一本小说,头也不抬地说。

"你不吃,别人也不能吃吗?"妈妈把勺子用力往桌子上一扔,皱着眉瞪着爸爸,声音一下子抬高了八度。

"我就这么一说,你怎么了?"爸爸摇摇头,眼皮垂了下来,小声嘀咕着。

没想到妈妈的耳朵比雷达还灵敏,她把蛋糕往前一推,猛地站了起来,蛮不讲理地说:"怎么了?我就不高兴了,怎么了?"

爸爸没有吱声,我当然也不会回答,谁都知道,这时候说话就是"自取灭亡"。

一分钟过去了,两分钟过去了……客厅里静悄悄的,挂钟的"嘀嗒"声显得格外清晰。

"闻俊,你到底吃不吃,如果你不吃,我就一个人吃下去!"妈妈终于开口了,她杏眼圆瞪,对着爸爸怒吼道。

"吃、吃,谁说不吃了!"爸爸忙不迭地回答着,"等我把这一章看完就来。"

"这还差不多。"妈妈满意地坐了下去。她恢复了原样,拿起勺子优雅地吃起了蛋糕。

(闻欣)

第四周　狗狗·歹徒·升旗手

> "妈妈仍在颤抖，嘴中含糊不清地念叨着：'走开，走开。'我看着妈妈的样子，想到自己现在的模样，心里痛苦万分，大滴大滴的泪水滚落下来。我大声哭喊着：'妈妈，是我呀！我是您女儿！'但我发出的只是吓人的吼声，妈妈根本就听不懂！"
>
> ——缪媛瑾《我怎么成了霸王龙》

3月10日　星期日
我醉了

轻轻地放入一小撮碧螺春，细看，果真像课文里写的那样——干而不焦，脆而不碎，青而不腥，细而不断，的确是精妙绝伦的"工艺品"。

我迫不及待地倒入一些开水，那些浅绿色的，像小孩子一样紧紧缩着身子的茶叶立刻舒展开来，像是被谁从梦中叫醒似的。随着水流的冲击，叶芽就像一条起伏的青龙上下翻飞，碧绿的叶芽是龙的鳞片，连绵的水流是龙的躯体，真是一幅奇妙的画！

停止了倒水，茶叶似乎也想停下来。它们好像背着一个个无形的降落伞，慢悠悠地沉入了杯底。凑近杯口，热气扑面而来，一股香味也随之钻进鼻孔，这味道不浓，不淡，是那样的清新爽人。我又深深地吸了一口，啊，我知道了，这就是江南的味道，这就是大自然的味道。我的眼前立即浮现出翠绿欲滴的茶树，立刻浮现出烟花三月的江南！

瞪大眼睛，仔细观察沉在水底的叶芽，有的已经乖乖地舒展开来，有的还固执地蜷着身子。它们的颜色是多么的好看，是碧绿，不！是翠绿，不！

是浅绿,不!是那种说也说不上来,叫也叫不出名字的最好看的绿!

轻轻地抿上一口,茶水从舌尖丝一般滑过,缓缓地滋润着我的喉咙,滋润着我的心田。留下的,是温暖,是苦涩后的甘甜,是回味无穷的清香……

啊,我醉了!

(黄舒)

3月11日　星期一
今天我是升旗手

从小到大,升旗时我只有敬礼的份儿,所以做一名升旗手一直是我梦寐以求的事。没想到,今天一份意外的惊喜降临到了我的头上——我要当升旗手啦!

来到国旗台前,我觉得每个细胞都灌满了活力,全身仿佛有使不完的劲儿。正当我准备跨上国旗台的时候,张校长拿着一个塑料袋急匆匆地向我走来。到了我跟前,她手忙脚乱地从袋子里掏出一块叠得整整齐齐的红布,展开来急急忙忙地往我身上披。我定睛一看,才知道是"光荣升旗手"的绶带,天哪!升旗还要戴这东西?

这时,一旁的伍校长也俯下身子,和张校长一起摆弄着绶带。两双手不停地忙碌着,可能是因为紧张的缘故吧,张校长的手竟微微有些发抖,连小小的回形针都对付不了。伍校长一把夺过回形针,三下五除二地别了上去。呵,平时镇定自若的张校长也有紧张的时候!我忍不住地笑了起来。

雄壮的国歌奏响了。我双手拉动绳子,开始升旗。我努力让自己回想书中所描写的升旗时激情万丈的心情,努力想让自己去感受那份庄严。但我发现,无论如何,我都做不到。因为,我所有的注意力都集中到了手上。我双手交替地拉着绳子,那国旗似乎有千斤重,每拉一下都困难无比。我费尽全力地拉呀拉,张校长也在不停地催促:"快点儿!快点儿!"于是,我加快了节奏,两手飞快地拉着,可旗杆似乎有几百米高,怎么也拉不到顶。我心中一片空白,头脑里只有一个字在闪动——快!终于,在国歌奏完的同时,国旗也升到旗杆的顶端。我长长地松了一口气,快步向我们班的队伍走去。

第一次当升旗手的经历就这样结束了！虽然它留给我的只是紧张和费力，但我仍想大声地说：我骄傲，因为今天我是升旗手！

（杭航）

3月12日　星期二
和小狗比舌头

自习课上，我跟秦臻臻本子上的狗比舌头，结果初战失利——秦臻臻说我的舌头不如小狗伸得长。我不服气，就拼命地把舌头往外拉，拉呀拉，拉得舌头都有点疼了，可秦臻臻还说我的舌头短。

下课了，我拿着本子伸着舌头找人评理，一路走去，竟把大家吓得东躲西藏，谁也不愿来评一评。最后，我找到了胆大的田爽，田爽认真地用尺量了量，结果我真的输了1厘米。真扫兴！

虽然我输了，但我知道谁的舌头比狗长。看见过集市上卖的那种热乎乎的口条吗？对了，就是那猪舌头。

（陈洁）

给小狗取名字

晚上回家听到了一个好消息，家里要养狗了！我高兴得一蹦三尺高，我早就想养一条小狗了，现在这个愿望终于实现了，我怎能不欣喜万分呢？

我拿出新华字典，想给狗取个名字。因为是条母狗，所以名字得往女字旁想。叫妮妮？不行，这是我表姐的小名。如果叫姗姗，又好像在叫邻居家的小孩……我想了半天，也想不出一个合适的，似乎好的名字都被别人叫去了。还是妈妈有主意，她看着刚买回来的"菲利普"高压锅说："那就叫'菲菲'吧"。对——不行！这可是好朋友严晨妈妈的名字。

哎，取个名字好难啊！

（陈洁）

3月13日　星期三
给狗床画画

今天，爸爸找来几块木板，准备给小狗订一张狗床。

先做床面，再做床脚，然后合订在一起。不一会儿，一张给狗睡的床就做成了。

为了使它更美观些，我在床头和床尾的木板上用水彩笔画上了"史努比"的卡通形象。妈妈正好走了过来，她看了一眼，说"画得不错，最好在小兔子嘴边画一根胡萝卜！"我忙解释："这是一只狗，不是兔子。"

过了一会儿，楼下的姗姗到我家玩，一看到狗床就说："怎么画了一只兔子，不是一只狗呢？"

"这就是一只狗。"我连忙解释道。

为什么我画的狗老被说成兔子呢？我仔细看了看，嗨！原来是耳朵画得太长了。

（陈洁）

3月14日　星期四
"歹徒"来了

语文课，我们正上得起劲，安老师推门走了进来，他向孙老师点点头，然后转向我们说："等会儿有个防暴演习，不要紧张啊，只要把门窗关好坐在教室里就行了。"

我们集体发出了一声惊叫（开心的惊叫），动作一致地瞪大了眼睛向窗外看去，有的同学甚至站了起来，大家的脸上满是期待——都在期待"歹徒"的到来。孙老师的课上不下去了，有些尴尬地站在讲台上，小小的眼睛眯成了一条缝，说："在你们眼里，'歹徒'的魅力远远超过了语文课，远远超过了我，世界上有这样的'歹徒'吗？"

"有！"大家的回答出奇的一致，随即又爆出一阵快乐的大笑。

"呜——呜——"广播里传来了凄厉的警报声，我们更加兴奋了，七手八脚地抢着关门关窗。坐在后门口的钱嘉豪近水楼台先得月，以最快的速度把后门关好、锁上，接着又用课桌抵住了后门，他似乎还嫌玩得不过瘾，竟然一屁股坐在了课桌上，然后呆萌萌地望着大家笑。孙老师见了，表扬说："钱嘉豪防范意识最强。"这家伙一听，笑得更萌了。

"噗——噗——"校长拍了拍话筒，说："各位同学，歹徒已经被制服，请大家继续上课。"大家又忍不住哈哈大笑起来：这歹徒也太弱了吧！

课又恢复了正常，可我还是忍不住向广播看了一眼，真希望那"歹徒"再来一次！

（卢诗妍）

3月15日　星期五
谁去科技社团[①]

下午，一个大胖子和一个小胖子相遇了。大胖子是冒坚，小胖子就是在下徐图之。两个好哥们儿的脑袋都耷拉着：哎，为什么科技社团只在我们班招收一个人呢？

沉默了好一会儿，我提议："那我们就'自相残杀'吧，谁赢了谁去科技社团！"

"好！"随着冒坚毫不犹豫地应答，我们俩立刻像被蜜蜂蛰了屁股似的跳了起来。冒坚挥舞着面包似的肥臂，使出一招"天山折梅手"向我袭来。我不甘示弱，祭出失传已久的"降龙十八掌"迎了上去……我们二人就这样见招拆招，一边"切磋武功"，一边唇枪舌剑。

我大声喊道："要知道，我在科技社团已待了两个学期了，你才待了多久呀？"

冒坚那比我还肥的腮帮子抖了一下，不服气地说："我在一年级就进过科技社团，也就是说，我的资格比你老！"

我据理力争："我在科技社团可是得过奖的！"

---

① 本文由朱永宏老师提供。

冒坚小眼睛一眯，不屑地说："切！我也得过，'鸡蛋撞地球'二等奖！"

我仰天大笑："真不巧，我得的是一等奖！"

冒坚累得气喘吁吁，停下手说："我们猜拳如何？"

眼看胜利就要到手，我怎肯放弃，于是大声反对："不行，搞科学的人怎能迷信运气，我寻求的是真理！"我边说边用那代表真理的手指头，不停地戳向冒坚那臃肿的大肚子。只恨自己的内力不够，不能透过他厚厚的脂肪，展现我"葵花点穴手"的强大威力！

……

我们就这样斗了半天，除落了个"两败俱伤"之外，没有得出任何结果。哎，要是能一起参加科技社团就好了，毕竟我们是有六年交情的好哥们呀！

（徐图之）

3月16日　星期六
我怎么成了霸王龙

"来，笑一笑。"妈妈拿着照相机正准备帮我拍照。

我姿势还没摆好，妈妈却停了下来，目瞪口呆地望着我，手中的照相机"啪"的一声掉在地上。我疑惑地走向妈妈，但她却跌跌撞撞向远处跑去，我只好拼命地追她。但不知为什么，我的身体突然变得特别沉重，我想跑快些，可总是慢腾腾的，而且，每走一步，都累得气喘吁吁。妈妈冲进了一片树林，我也紧跟了进去，不料被一棵树卡住了，我轻轻一扭，竟将树连根拔起。真奇怪，我的力气怎么变得这般大？

"扑通"，妈妈摔倒了。我伸手去扶她，但她却用手撑着地，瑟缩地向后退着。她不停地摇着头，眼中流露出绝望的神色，嘴巴哆哆嗦嗦，害怕地说："你、你这个丑八怪，走开！走开！不要吃我！"丑八怪？我一怔，是在说我吗？我扭过头，看了看身旁清澈的小溪。啊！一个陌生的生物正骄傲地站在那儿：3米高的个子，大大的畸形的头颅，散发着阴森神秘气息的绿色皮肤，尖利的牙齿和爪子，长长的尾巴，更恐怖的是那双红色的眼睛，放射出贪婪的光芒——不可能！不可能！我竟变成了又笨又丑的霸王龙！

妈妈仍在颤抖，嘴中含糊不清地念叨着："走开，走开。"我看着妈妈的样子，想到自己现在的模样，心里痛苦万分，大滴大滴的泪水滚落下来。我大声哭喊着："妈妈，是我呀！我是您女儿！"但我发出的只是吓人的吼声，妈妈根本就听不懂！

"孩子，你怎么啦！"我睁开迷蒙的眼睛从梦中醒来，只见妈妈正坐在床边，担心地望着我。我猛地扑上去，紧紧搂住了她。　　　　　　　　（缪媛瑾）

第五周　妈妈·冲突·大上海

> "在许多人眼里（包括老师），95分、96分是个很不错的分数，但即使考到了这个分数，妈妈也不会表扬我，因为她总是把目光盯在那失去的4分、5分上，并把它们夸大得比失掉40分、50分还可怕。所以，除非得到100分，否则，我是看不到妈妈好脸色的。"
>
> ——张子文《妈妈的两个坏毛病》

3月17日　星期日
妈妈的两个坏毛病

我妈妈有两个不怎么好的毛病：一是太在意"失去"，二是不喜欢让我看电视。

在许多人眼里（包括老师），95分、96分是个很不错的分数，但即使考到了这个分数，妈妈也不会表扬我，因为她总是把目光盯在那失去的4分、5分上，并把它们夸大得比失掉40分、50分还可怕。所以，除非得到100分，否则，我是看不到妈妈好脸色的。

从一年级起，妈妈就开始控制我看电视了。最近，电视台正在重播我最喜欢的《全球探险冲冲冲》。我请求妈妈让我看，可她说我每天的家庭作业不出错才能看。虽然要求很苛刻，但因为我根本没有讨价还价的资格，所以只好拼命朝这个方向努力。有一次，我做错了，虽然只是一点点，但妈妈还是冷酷无情地剥夺了我那天看电视的权利。

当然，我丝毫没有责怪妈妈的意思，只是提点意见罢了，要是能把这两

个毛病改掉，我妈妈就是个千载难逢、众人仰慕的最好的妈妈了。（张子文）

真吓死人了

语文作业、英语作业、数学作业、钢琴练习，是我每天必须享用的"豪华套餐"！这不，经过一个小时不间断的努力，我终于啃完了语文、英语这两块"大排"，现在又开始"叮咚、叮咚"地弹琴了！

弹了一会儿，觉得很累，就想躺到床上休息休息，可还没有走到床前，只听"咔"的一声——是开锁的声音。"不好！妈妈回来了！"我连滚带爬地回到客厅，跳上琴凳，又"叮咚、叮咚"地弹起琴来。

妈妈匆匆地走了进来，在冰箱上找来找去，摸出一把钥匙后又匆匆地走了出去，连半句话都没说。

哇，真吓死人了！ （张真）

3月18日　星期一
吹口琴

中午，我闲着没事儿，便从抽屉里拿出口琴吹了一会儿。

因为没有把音乐书带回家，所以我只能吹吹记得的歌曲。我用最快的速度吹着《欢乐颂》，吹得实在太快了，快得连气都喘不过来了。

后来，我自创了火车和轮船的声音，都像极了。特别是轮船的声音，就好像是真的轮船开来了。婆婆在客厅问："小羽、小羽，刚才我好像听到了轮船的声音，是从哪儿来的？"

我得意地说："是我用口琴吹的，怎么样，不错吧！"

这时，妈妈喊我去上学，我连忙放下口琴向门口跑去，我一边跑一边对婆婆说："婆婆，放学回来我教你吹！" （孙羽）

又要经受暴风雨了

快放学的时候,数学试卷发下来了,我悲哀地发现自己只有74分——从上一次的88分一下子滑到了今天的74分。我只觉得卷子上显示成绩的那几个阿拉伯数字,像两只无头苍蝇似的直朝我飞来,我差点没昏过去。

看了一下错的题目,唉,真不该!四道应用题一下子减了20分,两道简便计算题扣了6分。这下完了!回去肯定完了!

老师看上去十分生气,也难怪,还有什么比考得不好更令人愤怒呢!本以为这次能考个好分数的,谁想到竟落了个74分的下场。而且,这里有几道题我竟然不会做,妈妈最讨厌我有不会做的题目了。

回去的时候,我的脚步很沉很沉,像灌了铅。我后悔极了。如果考试时再认真检查检查,那么100分,不,除去不会的几道题,起码也能得到94分。唉,世上没有卖后悔药的,还是先想想怎样应付接下来的"暴风雨"吧。

(张紫)

3月19日　星期二
批默写本

下了第一节课,孙老师请同学帮忙批改默写本。话音刚落,十几个家伙就一拥而上,争着向老师要本子,要是他们劳动有这么积极,那该多好啊!最苦的要算是我了,因为坐在最前面,所以许多人都压在我的身上,我只好像往常一样趴在桌上,看我们这组的本子给了谁。"马慷,这组本子你看!"也许是同情我吧,孙老师把一叠本子递给了我。我高兴极了,立即动手看了起来。

第一本是范业的。呀,字写得比我好多了。对的,对的,对的……怎么全是对的,不行,再查查。查了一遍,还是全对,只好打一百分了。

正当我要在她的默写本上写上一个大大的"100"时,范业过来了,见我在看她的本子，就说："哎呀，别看了，帮我打全对，好吗？"

我想：反正她也是全对，不如做个老好人答应她吧。可还没等我开口，范业就拿出一块巧克力说："你帮我打全对，我就给你巧克力。"

没想到看本子还会有巧克力吃，我连忙说："好的，好的。"心里却在暗暗笑她自作聪明。这时，周小伟也开了腔："好马慷，你也帮我打100分，我明天也带巧克力给你！"

我看也不看他一眼，心想："你这个周小伟把我当成什么东西了？我又不是三岁的小孩，只要用巧克力一骗便什么都肯干。范业本来就是满分，我才答应她的。"说来也巧，接下来的一本正好是周小伟的，对，错，又错了……他一共错了三处，我毫不客气地给他打了85分。

就剩下最后一本了。咦，怎么没名字，谁的呀？不管了，照样看。哇！错得真不少啊！"再接再厉"的"厉"写成了"鼓励"的"励"，"集思广益"写成了"集思广溢"。可这是谁的呢？这一组的同学成绩好像都不错，谁会错这么多呢？

这时，江翔来了，他一看就说："这是刘映的！"他这么一说，张赤、朱再清、曹远、周小伟都来了，来干什么呢？——挑刺儿！他们说："这个刘映平时仗着自己是大队委员，老是欺负我们男生，今天一定要好好挑挑她的毛病。"

群众的眼睛真的很亮，我看好之后，他们竟然又查出了四个错字。突然，几个家伙一下子都溜了，我抬头一看，原来是刘映来了。我想：反正她早晚都会看到她的本子，不如现在就豁出去。于是，我用嘲笑的语气对刘映说："大队委啊，你真了不起，你们一组就你一人拿了一百分！"

刘映白了我一眼，不服气地说："你们故意挑刺！"边说边把本子递给了孙老师。孙老师可真是个好老师，他没说我什么，扫了一下本子说："咦，刘映，你怎么会错这么多？还有几天就大考了，怎么会犯这种低级的错误……"

刘映真有趣，自己错了这么多，还往老师那儿送，这不是"自寻死路"吗？要是我呀，早就藏起来了。看着她满脸通红地站在那儿，我又有点高兴，又有点同情，回头看看那几个小子，偷偷地笑得正欢呢！

（马慷）

3月20日　星期三

张琪和吴枚（一）

老师不在的时候，教室里是不可能安静下来的。这不，一场"战争"又开始了。

"你讨厌唉！我又没惹你，你说什么说嘛。"吴枚一边使劲地拍着桌子，一边大声嚷着。

"怎么啦，我只说了几句，你就激动成这个样子？"张琪的声音也比往常高了许多倍。

"如果你不说我和他怎么样怎么样，我会生气吗？"吴枚听了张琪的话更是恼火万分。

"我只是说他不喜欢你，难道不是事实吗？"张琪也吼道。

……

他们俩就这样你一句我一句地吵着，大概是嫌吵不过瘾吧，接着又动起手来。瞧，张琪拿起文具盒，气势汹汹地向吴枚头上打去，吴枚也不甘示弱，抄起一本书拍向了张琪。二人边打边吵，边吵边打，声音越来越响，动作也越来越大。

突然，张琪停止了进攻，他放下文具盒，双手紧紧地捂住了脸——原来他的额角被书划开了一道口子。吴枚见张琪罢手，也坐了下来，抚摸着头上的"小笼包"。这时，张琪周围的男生都带着惊奇来看望他们的"将军"，吴枚周围的女生也带着恐惧来慰问她们的"女中豪杰"。男生说："流血了！"女生说："头肿了！"

过了一会儿，双方的小兵们都四散离去，在座位上纷纷议论此事，而两位主将却沉默不语。在后悔？在歉疚？在担心？我不知道，但我知道，等待他们的绝不是什么好结果——再过两分钟，老师就要来了。

（李嵘）

3月21日　星期四

张琪和吴枚（二）

中午，张琪妈妈来到了我们教室，当然是为了她宝贝儿子脸上的那道伤痕。

见老师还没有来，张琪妈妈便神气活现起来。她径直向吴枚的座位走去，怒气冲冲地对吴枚喝道："吴枚，我家张琪脸上的伤是不是你打的？"也不知是因为害怕，还是因为什么，吴枚没有开口，只是埋头收拾东西，但同学们的目光却一下子都集中到了他们那一桌。

张琪妈妈又声色俱厉地问了一遍，吴枚再也忍不住了，哭了起来。这时正在写作业的张琪也趁火打劫，说："你真是太过分了，把我打成这个样子！"

吴枚终于开口了，她边哭边大声说："你根本不知道真实的情况，你家张琪说了我许多无聊的话，还用文具盒敲我的头……"

没等吴枚说完，张琪妈妈就恶狠狠地说："他打你哪儿啦？他说了你什么啦？啊？"那样子恨不得要把吴枚一口吞下去。

这个凶恶的女人凭什么走进我们教室？凭什么教训吴枚？要不是看在她是长辈的面子上，我一定要臭骂她一顿，替吴枚出气。我一边恨恨地想着，一边大声对吴枚说："吴枚，不许哭，你如果是对的就不要让步，让步了就要被人家欺负。不许哭！"可吴枚还是哭，而且越哭越厉害。我气极了，心里暗暗下决心：等这个老巫婆走后，我一定要把她的宝贝儿子结结实实地教训一顿，否则难解我心头之恨。

也许是意识到老师快要来了，那个母老虎终于要走了。走之前，她留下一句话："要不写检查向我家张琪道歉，要不我去找老师，让老师批评你，随你选择！"

"我呸！你这个母夜叉、老巫婆，要想吴枚道歉，门儿都没有！我呸！我呸！我呸呸呸！"望着张琪妈妈的背影，所有骂人的脏话都情不自禁地从我嘴里跳了出来，因为我实在是太气了。为什么她只说人家不好，而不看看自己的儿子呢？为什么她不向其他同学问问情况，而只听她儿子的一面之词呢？其实，事情的原委我最清楚了。

有好多次，张琪骂吴枚，吴枚都忍了，张琪见吴枚老实，就越来越狂，越来越不像话。星期一上美术课时，张琪竟把水彩弄到了吴枚的脸上，还三番五次地用文具盒敲吴枚的头。昨天，吴枚把张琪额头弄伤也不是故意的，而且是在忍无可忍的情况下打的，再说吴枚已经为此事向张琪道过好多次歉了，这个母老虎为什么还这样呢？

"吴枚太冤枉了！我一定要替她申冤。"一整天，我总在想着这件事。于是，我就写了这篇日记，希望老师看了之后能做一个公正的决断，狠狠地批评张琪和他的母老虎妈妈。

老师，希望您不要让我们失望。

（田霜）

3月22日　星期五
长尺，来之不易

我飞奔着，来到（5）班教室门前，心里一点也不紧张：不就是借一把长尺嘛，这种事我做多了！

"报告！"我响亮地喊了一声。老师的话被我打断了，他侧过头，目光越过镜片打量着我。不知怎么的，我忽然觉得浑身凉飕飕的，仿佛一下子掉进了寒冷刺骨的冰河里。

"进来。"老师终于说话了。我跑到他身边，压低声音把自己的来意告诉了他。老师听后，轻轻地说："对不起，我们班没有长尺。"

我呆呆地走出教室，先前的自信一下子消失得无影无踪，取而代之的是一种莫名其妙的失落。没关系，还有好多班呢，我一个一个地去"讨"，不愁借不到。我安慰着自己，又来到了（3）班门前。

"报告。"我的声音明显低了许多。（3）班的老师点头示意我进去，等我来到他跟前，便弯下腰问："有什么事吗？"刚才那股凉意像有生命似的又爬遍了我的全身，我的身边站着的仿佛不是老师，而是一个摄魂怪。"孙老师让我来借长尺。"我回答。

"长尺？"老师直起腰，扭过头环顾了一下四周，许久才吐出几个字："我们也没有。"

我木然地走出教室，无精打采的，好像考了60分似的。路过（2）班门口，我眼睛突然一亮——长尺！我使劲地揉了揉眼睛，真的是一把长尺，一把绿色的长尺！我的五脏六腑都激动得颤抖了起来，浑身一下子来了力气，立即跑了进去……

当我出来的时候，手里已经多了一把长尺。我紧紧抓着这来之不易的长尺，向教室飞奔而去。

（杨明明）

3月23日　星期六

上海有什么好

从四川老家来到江苏快一年了，今天爸爸第一次带我去上海。

都说上海是个世界级的大都市，我一直以为它很美，可是过去一看，还没老家好呢！没有郁郁葱葱的山，没有绿油油的农田，没有一望无边的草地，只有一幢幢高楼、一辆辆汽车和熙熙攘攘的行人。

奶奶家多美啊！院子里，燕子在屋檐下搭窝筑巢，母鸡带着小鸡到处闲逛，小猫在台阶上呼呼地睡——看着小猫睡，有时候我也忍不住会慢慢睡着。屋后的山上，一树一树的桃花、梨花都开了，就像仙境似的；漫山遍野的各种野花都开了，每天上学我和妹妹总会摘上一大把带到学校去；牛儿、羊儿悠闲地吃着草，有时候它们也会呆呆地一动不动，好像沉醉了一样。

老家的日子是那么安宁、祥和，就像躺在妈妈怀里的婴儿；城市生活就像没有妈妈的孩子，整天奔波忙碌，惊惧惶恐。

（张蕊）

第六周　红笔·官司·没发现

"不知过了多久，石钰忍不住向我瞥了一眼，一下子惊叫起来，我满腹狐疑地望着他，他眼球瞪得快要突出眼眶，手指颤抖地指着我正在批改的本子，脸部的肌肉微微地抽搐着。许久，他才从牙缝里挤出一句话：'你怎么在一张纸上打了四个勾，也太浪费墨水了吧！'我看了看作业本，又看了看已痛苦得几乎说不出话来的石钰——这每一条红勾都像一把刀深深地割在他的心上。"

——薛添驹《"要人命"的红笔》

3月24日　星期日
快乐的小鸟

不对——怎么会在云中？莫非……我连忙打量着自己的身体——淡黄色的羽毛，红色的小尖嘴，灵巧的翅膀尖上镶着白边。这完全是小鸟的模样嘛！！！我欣喜地叫了几声，传出来的不是"棒极了！棒极了！"而是"啾啾！啾啾！"的声音，我真的变成小鸟了，好高兴哟！

"啾啾"一只白色羽毛的小鸟飞过来说，"我们去参加飞行比赛吧！"我精神倍增，扑扇着翅膀，跟着它飞到了比赛地点。

老鹰、黄鹂、画眉，都来参赛了，当然，还有我这只不知名的小鸟。"开始！"发令枪响了，我如有神助，像箭一般直射终点，"耶！"金牌！不过，鸟世界里没有金牌，只有花环。

（石蕾）

糖果王国

哇！真不愧是"糖果王国"，糖果不仅丰富多彩，还千奇百怪呢！有挂在树上的"灯笼糖"，有漂在水上的"鱼泡糖"，有翩翩起舞的"跳跳糖"，还有四处游荡的"空气糖"。更令我瞠目结舌的是，糖果王国居民们的房子也全都是用糖果搭成的，日常用品更是离不开糖，什么奶糖毛贴、棉花糖杯子、圈圈糖牙刷、泡泡糖碗筷……千奇百怪，我看得眼花缭乱、目不暇接。导游笑着在空中挥舞了几下，捏住了几块"空气糖"放入我嘴里，我慢慢咀嚼着，这空气糖就像空气一样纯净，含在嘴里清凉清凉的，有种说不出的香甜。

走累了，我和导游惬意地躺在软绵绵的"绿草糖"上，享受着徐徐的"糖风"，心中盛满了欢喜。前方，两三个糖人正奔跑着、跳跃着、追逐着，用黏稠的奶油糖线放着一只方块糖蓝风筝。他们玩累了，就蹲下身子扯一块清香的"绿草糖"塞进嘴里，舀一勺浓香的"水果糖糖水"倒入口中。身后，几个糖人欢快地踢着"雪糖足球"，一不小心踢破了人家的"水晶方糖"窗户，他们连连弯腰赔罪，手一挥，"水晶窗"又完好如初……　　　　（孙颖）

3月25日　星期一
害人的成克杰

不知道是多少年前被判死刑的成克杰，我真是恨死他了，因为他把我这个与他毫不相干的人也害苦了。

上周三的社团课上，同座朱赤不知从哪儿弄来了一张早已泛黄的报纸，上面有一篇关于成克杰的报道。看着看着，他"吃吃"地笑了起来。这家伙一笑准没好事，果然，一下课，他就把我的名字"陈洁"改成了"陈克杰"，并到处宣扬"我"的光荣事迹。

"好事不出门，坏事传千里"，不到半天的时间，我就名扬全班了。这下可好了，同学们有事时喊我"陈克洁"，没事时也喊我"陈克洁"；开玩笑时喊我"陈克洁",口角时更喊我"陈克洁"……整天"陈克洁""陈克洁"的,把我的头都吵大了。最讨厌的是朱赤,每天到校他总是歪着头,盯着我看,然后满脸疑惑地问:"陈克杰,你不是去了阴曹地府吗?怎么会坐在我们教室里呢?"

今天,好朋友陈梦不知怎的也喊了我一声"陈克洁",这可把我气死了。(因为此前全班同学中,只有她一人还叫我"陈洁")于是,放学后,我便在定慧寺前花两元钱算了一卦,那个算卦的人说,我前世与那个成克杰结了什么仇。嗨,我真笨!要结仇也应该去找个影星、歌星、科学家才对,可我偏偏找了个大贪污犯。

九泉之下的成克杰可能做梦也想不到,有一个无辜的人正在替他背黑锅吧!我这个替罪羊要当到何时啊!

(陈洁)

3月26日　星期二
"要人命"的红笔

一双大而有神的眼睛似乎会说话,不大的鼻子下面是一张总是咧着的大嘴巴,这就构成了我的同桌石钰的肖像。

一天,我向他借笔批改作业,他毫不犹豫地从笔袋中抽出一枝红笔,故意大声说:"没问题,谁让你是我好兄弟呢?"那架势似乎是想让全世界都知道,某年某月某日石钰借了一枝红笔给薛添驹。可正当他要把红笔递给我时,突然发现我要批改的作业有一大沓,吃了一惊,伸出去的手也悬在了半空中。"你——你批这么多?"他结巴着问,似乎有些不相信。

"对呀!"我应道。

他一屁股跌在了板凳上,脸上写满了惊讶。显然这个既好面子又小气的家伙被我的话给吓傻了。我又给了他当头一棒:"你可是说借我了的,千万不要反悔哦!"

"这,这——好吧!"石钰的神色顿时暗了下去,把笔一扔,说,"用吧!"我心满意足地批起了作业。

不知过了多久，石钰忍不住向我瞥了一眼，一下子惊叫起来，我满腹狐疑地望着他，他眼球瞪得快要突出眼眶，手指颤抖地指着我正在批改的本子，脸部的肌肉微微地抽搐着。许久，他才从牙缝里挤出一句话："你怎么在一张纸上打了四个勾，也太浪费墨水了吧！"我看了看作业本，又看了看已痛苦得几乎说不出话来的石钰——这每一条红勾都像一把刀深深地割在他的心上。

"唉！"我无奈地摇了摇头，加快速度批起作业来。如果不尽快还给他，出了人命我可负不了责任。

（薛添驹）

3月27日　星期三
笔墨官司（一）

"快，把作业本拿来！"听了这话你一定会以为是某位组长在收作业本，那你可就错了，其实这只是坐在我前面的顾明在向同学要本子对作业。只见他把自己的作业本放在桌上，把人家的本子放在抽屉里，先看一下自己的答案，再看一下同学的答案，还时不时贼眉鼠眼地向四周看看，好像怕被谁发现了似的。真不愧是"沙场老将"啊，业务竟如此之熟练！作为中队长，我不能熟视无睹，于是便对他说："对作业，好意思的？"

顾明一听"腾"地站起来，双手叉腰，两眼直瞪着我说："关你什么事，少啰唆！"说完又继续对起来。

望着他那骄傲的背影，我的肺都气炸了，恨不得立刻冲上去给他一巴掌，但转念一想，跟这种人有什么好计较的呢？他爱对就让他去对吧！看他考试时怎么办！

（孙绪）

3月28日　星期四
笔墨官司（二）

今天，老师读了孙绪的日记，她写的居然是我和同学对作业的事。当然，我这样做是不对的，但孙绪也未免太夸张了："贼眉鼠眼""生怕被谁发现""双手叉腰""两眼直瞪着我"……这些词我真不知道她是从哪里找来的，反正我从来没有这样做过。我觉得孙绪不应该姓孙，而应该姓李，是诗仙李白的后代，不然，她怎么会有如此高超的"夸张"技巧呢！

对了，孙绪的同座陶钦也是个歪曲事实的高手。刚开学时，我曾对她说："我在青岛学的是五线谱，但这里教的却是简谱，所以我有点不习惯。"谁知，这句话在她的日记里却成了："我们那里早就学五线谱了，可你们还在唱简谱。"我真希望陶钦是耳朵出了毛病，因为我实在不想用"善挑是非"这个难听的词来描述我的这个新同学。[①]

有时候，孙绪和陶钦还会联手出击——坐在后面一个用笔戳我的背，一个用脚踢我的椅子。如果我不理睬她们，她们就阴阳怪气地说："哎呀！我们班怎么来了个木乃伊啊！"如果我转过去和她们理论，她们往往会若无其事地笑一笑，然后说："急什么急，看你那傻样！"每次做数学课堂作业，一旦她们先写完，总喜欢习惯性地说一句："笨蛋，还没写完啊！"平时，她们俩还爱一唱一和地说些不堪入耳的闲话（针对我的），故意气我，作为一个男子汉大丈夫，这些我并不计较，但我却不能容忍她们上课说知心话、哼流行歌曲、写歌词，因为这不仅影响我听课，也会影响其他同学听课，当然也会影响她们自己。

我不是一个"讳疾忌医"的人，我保证以后再也不和同学对答案了，但孙绪和陶钦能听进我的话吗？能改正错误吗？如果不能，她们还有资格做班委吗？

（顾明）

3月29日　星期五
笔墨官司（三）

听老师读顾明的日记时，我心里一直在笑。他把我和孙绪写得一文不值，

[①] 见2月22日日记《新来的同学》。

自己倒好像很伟大似的。其实，他写这篇日记纯粹是为了报复。这，我绝对没有乱说。因为我曾问过他："你写孙绪是因为她写你对作业，我又没有写你什么，你干吗非把我扯进去？"他说："你也写过我！"这时我才想起，开学初我在一篇日记中写了刚转来的两位同学，其中就有他。不过，当时我只是真实地写了我对这两位同学的认识，并没有刻意去写他不好。可是，他对这件事却一直耿耿于怀，可见他的心胸是多么的狭窄。

顾明在日记里说，如果我们作业做得比他快，就会习惯性地骂他是大笨蛋。其实，他这话没有说完整。刚开学的几天，他每次作业都比我们做得快，每次做完后，他总会对我们说："大笨蛋，还没有做好！"听了这话，我心里当然不好受，但却不好说什么，因为我的确没有他快呀。但我不是那种"自甘堕落"的人，这几天，我加快了做作业的速度，每次都做得比他快。于是，我便以其人之道还治其人之身，也骂了他几次，目的是让他也尝尝被人骂"大笨蛋"的滋味。但在他的日记中，我却成了一个作业做得快就去嘲笑别人的人，我是那种人吗？

顾明说我们上课哼歌曲、写歌词，我不否认，但事情没有他说的那么严重。我们只是在音乐课上、在心血来潮的时候才会偶尔哼几句。至于写歌词，我们只是在下课和自由的时间写一写，从来没有在上课的时候写过。

顾明说，我们戳他的背、踢他的凳子，还骂他，好像我们特别喜欢无理取闹似的。其实，我们有时是想逗他玩玩，有时是想喊他说话，还有就是他晃我们的桌子，我们实在忍无可忍了，才会这样做。我觉得无理取闹的应该是他。前一段时间，我和丁潍娜（顾明的同座）合用一个垃圾袋。有一次，我把废纸拿给丁潍娜，让她放到垃圾袋里，顾明见了，便捂着袋口说："你的垃圾为什么要放到我们这儿来？不许放！"

遇上他这种人，我真是无话可说。平时，我和他话不投机，常常是说不上几句就翻脸，他当然认为我不爱团结。我们之间有些矛盾，我们说的话，他当然不爱听，这样我们自然便成了他眼中"爱说闲话"的人。不过，话说回来，顾明也有许多令人佩服的地方，比如说他捕风捉影的本领，比如说歪曲事实的心机……如果说我和孙绪不配当班委的话，呵呵，那么最配的当然就是他顾明了！

（陶钦）

3月30日　星期六

什么都没发现

这些天，爸爸妈妈晚饭后都会去附近的公园散步。每次离家的时候，爸爸都会隔着房间门大吼："欣欣，我们出去了啊，不管谁敲门都别开，好好练琴，听到没有？"

好像我听不懂中国话似的，妈妈也跟着唠叨："好好练琴啊，任何人敲门都不要开！"

"听见了！听见了！不就是认真练琴不开门吗！"我知道，不回答一声，他们是不会离开的。

果然，话音刚落就传来了关门声，我像听到号令似的，一下子从椅子上蹦起来，以火箭般的速度窜到自己的房间。我娴熟地把琴凳从钢琴下挪了出来，故意把它摆得歪歪斜斜的，然后把谱子翻了几页，再把手表往钢琴上随便一放，于是我练过琴的样子就被完美地制造出来了。

琴既然已经"练"过了，我当然就可以看书了。舒舒服服地靠在床上，翻开孙老师推荐的《阿勒泰的角落》，我的心一下子飞到了新疆。看，酒鬼们在胡闹，乡村的舞会开始了，一个大胡子的哈萨克揪着胡子苦思冥想李娟妈妈的那笔账是什么时候欠下的……

我太喜欢这本书了，但我绝对不会因为看书而忘记一切，我仔细计算过，爸爸妈妈常常是一小时后回家，于是45分钟的时候，我给他们打了个电话：

"爸爸，钢琴练好了，我洗澡睡觉了啊。"虽然胸有成竹，但还是有些紧张，紧张让我变得异常冷静，我不会忘记再问一句，"哦，对了，你们走到哪里了？"

"准备回家了！"电话那头每次都传来爸爸相同的回答——我的计算准确无误。

"好，拜拜！"我放下电话走进卫生间，洗好澡后，他们就回来了。

爸爸妈妈在房间里走了一圈，似乎想寻找什么蛛丝马迹，但他们什么都没发现，于是双双坐在沙发上看起了电视。

（文欣欣）

第七周 黑色·上坟·出板报

> "一阵风吹来，周围的油菜花不住地摇曳着，不知道是不是外公在回答我。"
>
> ——王　喆《上坟》

3月31日　星期日
智能酒杯

"来来来，再干一杯！"2978年的一天，一帮狐朋狗友在酒店里聚会，他们拼命地喝酒，大有不醉不归之势。

只见一个彪悍的猛男抓起酒杯，一抬手，一仰头，一杯就下了肚。过了一会儿，他皱了皱眉头，咂了咂嘴："这酒咋没味儿？像白开水！"正想拍桌子发火，一个温柔的女声从酒杯里飘了出来："对不起，您今天已达到了饮酒的极限标准，所以我把酒变成了清水，谢谢配合！"

那猛男丝毫不听劝阻，反而抱怨起来："敢不让我喝酒，太过分啦！"说着，他扔了杯子，拿起酒瓶就往嘴里灌……

深夜，那男人摇摇晃晃"走"进车里，开了没有几米，就被赶来的交警拦下："根据1037号酒杯报告，您今日23时17分醉酒驾车，现依法吊销驾驶证并追究刑事责任。"

那男人惊呆了！

（程亦凡）

称职的路灯

未来的路灯再也不需要柱子支撑，它们漂浮在天空中，圆溜溜的，夜晚抬头一看，好似挂着成百上千个月亮，让人满心欢喜。白天，路灯则自动熄灭，你再抬头一看，天空中像有许多巨大的肥皂泡泡，漫天飞舞，煞是好看，就像在梦中一样！

路灯射出的光极为柔和，你就是直视它好长时间，眼睛也不会被刺痛。夜晚，朦胧的光洒下来，既能使人看清脚下的路，又不会因为太亮而打扰待在家里的人的休息。

在路灯相对比较少的地方，也不必担心看不见。不管走到哪里，都有一盏路灯像一只小狗一样跟着您，为您照亮前方的路……

（舒予）

未来的书包

未来的书包上有两条腿，旁边有两个翅膀，非常漂亮。

如果起床晚了，上学要迟到，你大可不必担心，只要对书包说："送我去学校吧。"书包的两条腿就能伸出来，抱着你风一样的向学校跑去。如果遇到坏天气，书包就更能发挥它的作用了：你可以钻进里面睡觉——不用担心它小，它能根据你的身体进行调节。书包里面既干净又舒适，躺在里面就像躺在自己的床上一样。

小偷是偷不走你的书包的。一旦有人想对它下手，书包的那两个翅膀就立即伸出来，眨眼间飞得无影无踪，等小偷走了，它才会回到原来的位置。

（连楚煜）

4月1日　星期一

今天的作业逃不了

孙老师出差了，下午布置家庭作业的时候还没有回来。发现了这一情况，那些怕做作业的同学高兴得一蹦三尺高。同桌成明走下座位对曹远说："曹老弟，下盘棋怎么样？反正孙老师又不在！"

曹远犹豫了一下，说："不行，安老师会来的。"

真是说曹操曹操到，原本喧嚣的教室突然安静下来——安老师果然来了。成明连忙赶回位置，一边走还一边轻声唱着不知道从哪里听来的《偷看歌》："打开书包拿出课本放在桌下抄，抄得天昏地暗老师没有察觉到……"

安老师一来便布置了数学家庭作业，同学们一个个都认认真真地做起来。过了一会儿，安老师问曹远："曹远，孙老师走之前有没有布置语文作业？"

几个怕做作业的同学听了，连忙抢着说："布置了——"曹远很老实，说出了真话："没布置。"说完还推荐了一个作业给安老师。这可把刚才大喊的几个懒虫惹怒了，他们骂道："死曹远，大木瓜，说布置了不就不用做了，神经病！"

安老师瞪了他们一眼，把作业重复了一遍，但下面还有不满的声音："要做曹远做，我不做！"安老师听见了，气得直冒烟，他猛一拍讲桌，厉声说："搞鬼！今天谁少了一道题，我让孙老师回来罚你们十道！"

"啊！"刚才乱说话的几个人发出一声惨叫，一个个耷拉下脑袋。他们知道，今天的作业是逃不了了。

（马昕）

4月2日　星期二

老师为什么会生气

因为孙老师还没有回来，所以我这个语文课代表就临时客串了一回老师——帮大家批阅《语文天天练》。

一直不明白，为什么有些时候老师看了我们的作业会很生气。不至于那么差吧！今天，我倒要见识一下。

翻开第一本，那上面的字便令我啼笑皆非：像龙飞，似凤舞，又如飞天的裙裾，而且态度极不端正，一会儿用钢笔，一会儿用圆珠笔，一会儿用铅笔，好像是在向人炫耀他有许多笔似的。真不知道他是在做作业，还是在画画。

这一本更有意思，造句一题明明要写一句赞扬老师的话，他偏偏写了一句老师表扬学生的话，可见他的粗心指数有多高。

一本本地看下去，"笑话"便一个个地冒出来："徘徊"写成了"绯徊"，"名贵"写成了"明贵"，甚至还有人造出了"天好像很亮，又好像很暗"这样的"千古绝句"……当第三组看到一半时，我就再也看不下去了，我真想把这些同学叫来臭骂一顿，又想把他们的作业全都撕掉。

现在，我终于知道老师为什么会生气了！

（张孜孜）

4月3日　星期三
老师不在的时候

孙老师不在的这几天，我们班的纪律可以说是乱极了！

就说午间纪律吧，并排的四间教室就数本班声音最大，同学们基本上是"各忙各的"，不过每个人在忙的同时总没忘记带上一张嘴，说话的、吃零食的、唱歌的、吵嘴的……无奇不有。

值日生仿佛猴子王似的，跳到东、蹦到西地不停管着。不过，此王的威信似乎也被孙老师带走了——此时谁也不受他管。面对一群"刁民"，值日生只好摇头叹气，实在忍不住了，就使出孙老师的习惯招数，猛地一拍桌子，然后大喊一声："静！"——声音高达100分贝。但这一招也不起作用，大家依旧我行我素，用110分贝的噪声把值日生的声音挡了回去。

值日生气极了，就在值日记录本上大记特记，连一些好同学也榜上有名。一兴风作浪者路过值日生身边，看到自己的名字被醒目地记在第一位，连忙大喊:"我没有说话,快把我的名字擦掉!"值日生慢条斯理地打起了官腔:"不行,除非你表现好!"接着便列数了他所有的罪状,证据确凿,不容狡辩。兴风作浪者气得浑身发抖,但他知道值日生所言不虚,再反驳也是自取其辱,只好闭上嘴巴,回到座位,乖乖地当一会儿好孩子。

下午第一节课前,孙老师竟然回来了。当他踏进教室的时候,全班同学鼓掌之余还高呼"万岁"——这是其他老师从来没有享受过的最高规格的欢迎仪式。不过我很清楚,这掌声中只有百分之五十是真心欢迎孙老师回来,还有百分之五十是大家在庆幸不必从早到晚都在数学、英语的海洋里潜水了。

(张孜孜)

4月4日 星期四

上 坟

带着淡淡的忧伤,一行人去给外公上坟。

天空明朗纯净,田野里、土坡上到处都是金灿灿、亮闪闪的油菜花。

不一会儿,我们就到了目的地。外公的坟墓也在一片油菜花丛中。我想:外公被丰收的喜悦簇拥着,又能闻到浓浓的花香,即使是在九泉之下,他可能也不会感到难受吧。

大人们把外公的坟修成了一个标准的圆锥体,并在坟顶支了一大块长满野草的泥块。我顺手从田间拔了一些麦芒,把它们插在那块被称之为"帽"的泥块上,使它变成了一顶"官帽"。后来,大人们又大把大把地烧起了纸钱,十分虔诚地拜了又拜,整个祭祀过程显得十分肃穆,我的心中也不由织起了一张伤感惆怅的网。

末了,我也默默地磕了几个头,嘴里喃喃地念叨:"外公,虽然我们从未见过面,但我的确是您的外孙,请您保佑我考上海人中学,好吗?"

一阵风吹来,周围的油菜花不住地摇曳着,不知道是不是外公在回答我。

(王喆)

4月5日　星期五
出板报

教室里，张嘉仪、陈曦、许垚他们正商量着出黑板报呢。

我的成绩虽然属中上等，但写字吗，就只能排到中下等了，出黑板报自然没有我的份儿。何不跟同桌张嘉仪"通通关系，走走后门"呢？我一抹脸，"变"出了一副满脸堆笑的样子，凑到她身边，讨好地说："你们又出黑板报了，需要我帮忙吗？"

张嘉仪看了我一眼，毫不客气地说："现在不需要，因为主题还没确定，到时候再说吧。"我一听，心顿时凉了半截。没事儿，还有陈曦呢。我急忙向她靠过去，抱着一丝希望："黑板报人手够吗，需要我帮忙吗？"

陈曦听罢，肩一耸，手一摊："这我可做不了主，你去问张嘉仪吧。"

哎，又碰了一鼻子灰，怎么办呢？对了，还有许垚呢！我立刻冲过去，说："许垚，要出黑板报了，我来帮忙吧！"

"好的，你帮我清除双面胶吧！"

哈，太好了！我终于被"录用"了，虽然"身份卑微"，但也算"挤"进了黑板报的编辑部啊，全班这么多同学，有几个能进去？得到了许垚的批准，我连蹦带跳地跑到黑板旁，认真地对付着那些顽固的双面胶，觉得底气足了许多。

当后勤工苦是苦了点，但看到那清理得干干净净的黑板，一丝欣慰如春风一样在心头荡漾，那种感觉真是妙不可言。

（周易）

4月6日　星期六
黑色的星期六

今天是星期六，按理说晚上可以看体育频道重播的NBA比赛。但爸爸妈妈却逼着我在房间里看书，理由是：还有两个多月就要考试了，不能浪费一分一秒的时间。

隔壁电视机的声音很小，小得就像蚊子哼哼一样。但此时，我的耳朵却出奇的灵敏，灵敏得就像一台超级雷达。听，库里和哈登干上了，解说员正在兴致勃勃地说："现在哈登在防库里，我们来看看库里这个球怎么打……"

听球怎么比得上看球？我决定找个理由进入隔壁房间。

我轻轻地推开了隔壁房间的门，双眼立刻盯上了父母面前的电视机，过了好几秒钟，我才慢吞吞地说："爸爸，我想喝水。"

"喝水去倒呀，愣在这儿干什么？"爸爸和我的脸始终不离电视机。

为了多看一会儿，哪怕是一秒钟，我不得不说："在哪儿呀？"

爸爸急了："饮水机在哪儿你不知道啊！"

此刻，保罗正在控球，不知是要自己投篮还是要传给哈登，于是，我竟随口地说了一句："不知道！"

"你傻了你！连咱家的饮水机在哪儿都不知道！你升学准备考多少？越大越糊涂，不知道就别喝！"爸爸生气了，站了起来朝我大吼。

没办法，我只能悻悻地走开。

（吴双）

第八周　魔法·伤悲·求签字

> "我就像一只被关在笼子里的鹦鹉,主人每天拼命地教我学说话,学唱歌。每隔一段时间,就会对我进行一次测试,成绩不好就不给食物不给水。我想飞,但脚上拴着链子;我想逃,外面还有笼子。为了不被饿死,我只有硬着头皮学!学!学!"
>
> ——秦萧萧《我的明天会有彩虹吗》

4月7日　星期日

魔法学校

春日的阳光懒散而缓慢地洒在我的书桌上,显出几分慵倦和凌乱。我正无精打采地默着英语单词,突然,一道不算强烈的紫光从窗外射了进来,紫光过后,一卷宣纸出现在我的书桌上。

我吃了一惊,但好奇心促使我迫不及待地打开了那卷宣纸,宣纸上是几行清秀工整的隶字:

霍格沃茨魔法学校

亲爱的王喆同学:

我们愉快地通知你,你已获准在霍格沃茨魔法学校中国分校就读。学期定于九月一日开始,请你立刻到水绘园古琴台旁,念一句"橘子红了",就会来到学校。

校长:哈利·波特

4月6日

顿时，许多问题像烟花一样在我头脑里纷纷爆炸，但容不得我一一思考，我的双腿就不由自主地向水绘园古琴台奔去。

水绘园里，人流如织。我遇见了好朋友翁易，他和我一样，也收到了那封奇怪的来信。我俩好不容易挤到了古琴台旁，看到一个个人从我们面前凭空消失，我十分好奇和惊讶，心"扑通扑通"拼命地跳着。我和翁易轻声念了句咒语，顿时，我的眼前一片空白，一股无形的力量把我俩推向尽头，无数道色彩斑斓的光束向我们射来，翁易竟高兴得手舞足蹈起来。

过了几分钟，我俩就到达了目的地。在万人攒动的一片人海之上，哈利校长身着唐装，捋着长长的银须微笑着对大家说："一年级的新生，大家好！欢迎你们！从今天起，我们的魔法袍将换成唐装，魔杖改为中国十八般武艺中的兵器，任大家挑选。宠物呢，一律变成龙或凤凰！"

一片欢呼之后，大家便都换上了古朴庄重的唐装，选好了自己心爱的魔杖和宠物。瞧，翁易正舞弄着他的小斧头，逗着他的小金龙玩呢！我的魔杖则是一把修长夺目的长剑，站在我肩上的是一只通体火红、羽毛光滑、眼睛明亮的凤凰。

接着，我们眼前展现出了巍峨壮丽的故宫，哈利校长又发话了："今后，故宫将是我们的学校！做实验、学魔法、练习魁地奇将是我们的主要功课！所有的抄写、试卷都将被我们永远抛弃！"同学听了，异口同声地惊呼起来，大家激动地跟着哈利校长向故宫走去。

重重的大门打开了，守卫故宫的男巫们都向哈利校长点头致意。同学们抑制不住内心的喜悦，一路东张西望，指指点点。到了餐厅，大家入座后，我仔细地欣赏起来：宽大的屋顶和墙壁上，无数颗顽皮的色彩艳丽的星星在不停地跳来跳去；空中，凤凰和龙自由自在地嬉戏着；闪光的彩带不停地飞来飞去，好像在炫耀自己的美丽。摆在我们面前的是用金碗银碟盛着的丰盛午餐，有牛排、羊排、烤猪、腊肠、烤仔鸡、炸薯片……点心也很多，有苹果饼、糖浆饼、巧克力松糕、布丁……大家看得目瞪口呆，每个人都敞开了肚皮。

就这样，我们愉快而充实地生活在霍格沃茨，直到永远。　　（王喆）

053

4月8日　星期一
又要考试了

又要考试了！而且考的是数学——我最糟糕的一门功课。我总是不明白，为什么我花在数学上的时间最多，得到的回报——分数却最少。

我怕考试，更怕教完了就考。每次拿到批阅好的试卷，看到那些大大的叉，以及那红得刺眼的分数时，我总是欲哭无泪。我不知道，为什么我听得那么认真，为什么我耗了那么多的脑细胞却只得到了这样一个结果。最难堪的是考后给爸爸妈妈签字，一看到那不尽如人意的分数，他们的脸"刷"地一下就变了，我也无话可说，大家一片沉默。

然而，试还是要考的，字还是要签的，就像地球还是要转的一样。我得复习了，得为梦想回报而努力了，得为实现自己的承诺而奋斗了……

所以，今天的日记就写到这儿吧！

上帝保佑，阿门！

菩萨保佑，阿弥陀佛！

（喻志）

4月9日　星期二
我被骗了

"Hello，万楚凡！"来到教室，我挥着手向万楚凡打了个招呼。一向冷冰冰的万楚凡今天有点反常，正眉飞色舞地和同座说着什么，见到我，更是像发现了新大陆似的，眼睛里直放光芒。

她三步并做两步蹦到了我跟前，把我从头到脚、从脚到头细细地打量了一番，然后把嘴巴弯成一个月牙，露出两排洁白的牙齿，眼睛也眯成了一条线，露出万楚凡特有的那种微笑。

"什么事？"我瞥了她一眼，警惕地问。

万楚凡并没有回答，只是"吃吃"地笑个不停。一种不祥的预感顿时涌上心头，我皱着眉，也把她上上下下、反反复复地打量了几遍，然后再次问道："什么事？"

万楚凡这才收敛了笑容，装腔作势地咳了两声，然后一本正经地说："这个嘛，说来话长……"见她这吞吞吐吐、欲言又止的样子，我急了，跺着脚说："到底有什么事啊？有话快说，有屁快放！"一着急，我连脏话也说出来了。

"态度不诚恳，不说了！"万楚凡瞪了我一眼，扭头就走。

"哎，别！别！别！"我一个箭步冲上前去，用手揪住她的肩膀，乞求着说，"好好好，我态度好一点，行了吧！"

"这还差不多！"万楚凡转过身来，重又露出那不怀好意的笑容，她把我的手臂拿开，慢条斯理地说："既然你诚心诚意，那我就告诉你！不过这是一个坏消息！"万楚凡习惯地推了推眼镜，那双似乎有穿透力的眼睛透过镜片凝视着我，看得我直冒冷汗。"告诉你吧，"万楚凡郑重地说，"你数学只考了106分。"

什么，106分？我一屁股跌坐在凳子上，心仿佛被冰住了似的，一下子从神气活现的大将军变成了垂头丧气的战俘——这是一个相当低的分数！我的脸火辣辣的，头也深深地埋了下去……

"哈哈哈哈——"忽然，一阵没有节奏的、刺耳的狂笑声传入了我的耳朵里，我猛地抬起头，呀，万楚凡笑得都直不起腰来了。她一边用手指着我，一边上气不接下气、断断续续地说："你……你……你怎么这么容易上当，我还以为……以为你有多聪明呢！"

"什么，你骗我！"我一拍桌子，屁股像弹簧似的弹出座位，拿出杀猪的架势，向万楚凡扑去……

（薛添驹）

4月10日　星期三
我的明天会有彩虹吗

考试成绩一塌糊涂，我失魂落魄地走在回家的路上。

原本五颜六色的世界变得像死灰一样暗淡，也许是苍天把我的泪水泼洒了出去，洗掉了所有的美丽吧！

我希望现在有一场雨陪着我一起悲伤，我希望它能冲掉我头脑中所有悲伤的回忆，洗掉我与这个世界所有的联系。我忽然觉得那些智障的孩子要比我幸福一千倍一万倍，因为他们根本就不懂得悲伤，根本就没有悲伤，他们是多么的自由、多么的快乐啊！

我就像一只被关在笼子里的鹦鹉，主人每天拼命地教我学说话，学唱歌。每隔一段时间，就会对我进行一次测试，成绩不好就不给食物不给水。我想飞，但脚上拴着链子，我想逃，外面还有笼子。为了不被饿死，我只有硬着头皮学！学！学！

不知不觉，我见到了那扇令我最不愿意见到的门。我傻傻地站在门外，感到时间就像凝固了一般。楼道里空荡荡的，只有我急促的呼吸声在回荡，那么清晰，那么响亮。

"吱呀"一声，门开了。我知道，迎接我的一定是一场暴风雨。

都说"风雨之后见彩虹"，可我的明天会有彩虹吗？

（秦潇潇）

4月11日　星期四

请妈妈签字

哎，倒霉的事怎么都跑到我这儿来了呢！昨天考试的分数简直要了我的命，今天要签字了，可救星爸爸偏偏不在家！给妈妈签字，结果只有一个——被骂得狗血喷头，我可不愿意接受那无穷无尽的训斥！但字是非签不可的，怎么办呢？

吃晚饭的时间到了，我见妈妈心情很好，觉得这是一个请她签字的最佳时机，于是就偷偷地从书包里抽出了那张令人厌恶的试卷，走到了妈妈身旁。正当我准备告诉妈妈分数时，妈妈递给我一双筷子，叫我吃饭。我赶忙把试卷藏到背后，坐下来，然后又悄悄地把它夹到了两腿之间。我想："这会儿不说也好，人家都说，人在吃东西的时候最快乐，我就等吃饭的时候说吧。"虽然这样想，但半碗饭下肚了，还是没有勇气把那张试卷拿出来。

　　与我截然相反，妈妈今天显得特别高兴——肯定是发工资了。她眉飞色舞的，一边给我讲他们公司的事，一边往我碗里夹菜。看到她这样子，我更加伤心了，竟忍不住地抽泣起来。妈妈见我情况不对劲，没好气地问："是不是考得不好？"我点了点头，鼓足勇气从桌子底下拿出了那张试卷，那鲜红的94分就像两根尖刺一样直刺着我的心。

　　妈妈接过试卷，脸上顿时由晴转阴，两条眉毛也跟着变成了一个倒"八"字："考这么差！班上肯定有许多95分以上的吧？为什么你总考不到高分？你不想读海人中学了……"说着说着，妈妈把试卷重重地往桌上一拍，桌子中间的一碗骨头汤竟被震得溅了出来。

　　我一声不响地听着。过了一会儿，见妈妈平静了一点，就小声说："先签字吧。"妈妈叹了口气，拿来一支笔，快速地写下了几个字。写完了，我赶紧拿了过来，像藏宝一样放进了书包里，再也不愿意拿出来。　　（杨阳）

4月12日　星期五
最爱我的人

　　"多吃点，多吃点个子长得高。"妈妈边说边把刚买来的烤山芋放到我面前。

　　我望着热气腾腾的烤山芋，真有点舍不得吃。这些胖乎乎的小家伙躺在桌上，好像在熟睡。它们身上一律穿着淡粉色的衣服，既漂亮又不失庄重……

　　"看什么看，快吃呀！"妈妈催促道。于是我拿起一个剥了皮，大口大口地吃起来。这烤山芋又甜又香，我恨不得一口吞了它，可它又有点烫，烫得我一边吃一边不停地发出"嘶嘶"的声音。妈妈说："别烫着了，慢点，没有人和你抢。"我不好意思地点了点头。

　　吃完了山芋，我心满意足地走进书房准备写作业。忽然想起我刚才只顾自己猛吃，却没有请妈妈也尝尝。怀着不安的心情，我偷偷地向客厅望去，只见妈妈正用抹布抹着桌上的山芋皮，有的皮上还有一点山芋，她也不嫌脏，拿起来仔仔细细地把上面的山芋吃干净。看到这情景，我真想冲上去跟妈妈拥抱，然后再说"你是世界上最好的妈妈"之类的话。但我却站在原地一动也不能动，嘴里一句话也说不出，眼泪却抑制不住地流了下来。

有时，我数学考得不好，妈妈实在忍不住了，会骂我甚至打我一顿，那时，我心里非常恨她。但今天我知道了，世界上最爱我的人是妈妈，即使她天天骂我打我，她也是最爱我的人。

（王梅）

4月13日　星期六
我会回来的

淮南牛肉汤是我最喜爱的美食之一。

走进小店，点一个牛肉砂锅，不一会儿，美食就上桌了。牛肉砂锅味儿好，卖相也好：晶莹的粉丝浸在淡黄色的汤里，红色的香肠、牛肉，白色的鱼丸、豆腐皮，黄色的金针菇、小竹笋……依次像叠罗汉一样，从汤下叠到汤上，浅绿的香菜、翠绿的青菜、深绿的海带点缀其中，真是好看极了，我简直不忍心破坏这美好的"图画"。

但我怎么能忍住呢！夹起一片薄薄的牛肉，沾上一点汤送进嘴里，鲜美的味道顿时溢满口中。牛肉煮得很烂，几乎不需要咀嚼就顺着我的舌头滑过喉咙，滑到肚子里；接着再来一根海带、一块豆腐皮，柔软弹牙，越嚼越香；豆芽和竹笋脆脆的、嫩嫩的，当然也不可以错过。吃牛肉砂锅，那感觉就是一个字——爽！

看，我越吃越"嗨"了！从开始的一点一点吃变成现在的一碗一碗吃，从开始的细嚼慢咽变成现在的狼吞虎咽——要多霸气就有多霸气。吃砂锅时，我的形象是这样的：一手拿着筷子，一手拿着面饼，碗里是满满的汤和菜，额头上是一个又一个的汗珠——这样子，不知道的人还以为我三天没吃东西呢！

菜吃完，我一把提起砂锅，把里面的汤一饮而尽，然后拿起纸巾把嘴一擦，一拍桌子，豪爽地对妈妈说："酒足饭饱——走人！"

但美味牛肉砂锅我怎么能忘记，所以要借用灰太狼的一句话："我还会回来的！"

（尹淑玥）

第九周　逛街·生日·运动会

> "'原来什么都可以当老师呀！'我望着自己的杰作，得意地笑了！"
>
> ——张孜孜《什么都可以当老师》

4月14日　星期日
拿着一元钱逛街

今天下午，我和表弟带了四十元钱上街买彩票，结果中了七元。我们俩想入非非，想中一个一千万的大奖，于是又买了三张，结果浪费了六元钱，最后，我们只剩下了一元钱。

我们俩无精打采地向家里走。街上做买卖的人是一个接着一个：糖葫芦、棉花糖、甘蔗汁……什么好吃的都有，馋得我俩都快要流口水了。那一元钱硬币也在我手中不停地滑动着，似乎在催促我们快点儿买东西吃。

我们在一个套圈的小摊边停了下来，这里一元钱套一次，套的东西有计算器（十五元）、笔（两元）、文具盒（十元）等各种各样的物品。摊主见我们来回徘徊，怕我们走开，就主动提出让我们试套一次。我拿了一个圈，轻轻一抛，竟套中了一个十五元钱的计算器。我掏出一元钱想再碰碰运气，但转念一想：不行，套的东西只有一个，我们俩怎么分呢？难道可以一分为二吗？再说质量如何还不知道呢！

于是，我们离开了套圈的小摊，来到了一个卖糖葫芦的小贩身边——毕竟，民以食为天吗！可一打听，一元钱只能买三个，这让我们怎么分呢？如果我们只要两个，那亏就吃大了；如果让小贩给我们四个，他肯定不干。于是，我们只好望着又圆又大、酸酸甜甜的糖葫芦走开了。

天色渐渐暗了下来，街上小贩们的身影渐渐稀少了，卖晚茶的又上阵了。油豆腐、麻辣烫、葱花油饼……各种小吃是样样俱全。"一元一碗酸辣汤！""一元五块油豆腐！""一元一只大油饼！"……吆喝声是一声接着一声。

"又是单数，怎么分？"我心里不住地埋怨着。

"生煎饺子一元两个！"突然又一声吆喝传入了我的耳中。"啊！终于可以买了，不管大小，可以分就行！"我欣喜若狂。

于是，我们买了两个生煎饺子，一人一个，一边吃一边向家中走去。

（吴霜）

4月15日　星期一
什么都可以当老师

今天我领到了一个让我无法下手的差事——为班级写一篇100字左右的班级情况说明，在明天运动会的入场式上使用。

虽然我是个"作文高手"，但面对这种前所未有的题材却也不得不抓耳挠腮了，该怎样介绍我们这个班，该从哪些方面来介绍我们这个班呢？而且只要100个字！

苦思冥想了好长时间，仍一无所获。不经意地打开抽屉，几本旅游宣传册映入了我的眼帘，顺手拿起一本，不觉眼前一亮：宣传册的第一页是对景点的概括介绍，我为什么不学着它的方法写呢？"对，就这样！"我打定主意，动起笔来，不到十分钟，稿子就顺利完工了。

"原来什么都可以当老师呀！"望着自己的杰作，我得意地笑了！

（张孜孜）

4月16日 星期二
小学的最后一次运动会[①]

"6903号，42米！"记录员一报出我的垒球投掷成绩，运动场上就响起了一片热烈的欢呼。我的拉拉队员们一下子围拥过来，抱着我狂蹦乱跳，大家嘴里都在嚷嚷："哇，42米！我们赢了！冠军！冠军……"这是今天上午发生在运动场上的一幕，望着伙伴们兴奋不已的脸庞，我使劲地眨了眨眼睛，但泪水还是忍不住地涌了出来。

屈指算来，这已是我第十二次参加校运会了。我已经记不清，在前十一届中我拿了多少冠军了，按理来说，这次夺冠我应该表现得波澜不惊，但事实上，没有哪一次运动会的夺冠像今天这样艰难，这样惊心动魄，这样令我终生难忘。因为我是抱着破釜沉舟、孤注一掷的决心走向投掷场的。

十天前，我在训练中不慎摔倒，造成了左手手腕骨折。医生在给我上夹板时残酷地宣布：一个月内不能剧烈运动。这对于正在积极备战运动会的我不啻为一个晴天霹雳。但现实已经如此，我也只得认命，准备乖乖地当一名观众。

但随着比赛的白热化，我再也按捺不住了，看到对手的积分遥遥领先，我心急如焚。我想到了自从我受伤以来，老师给了我许多关心，同学们给了我许多温暖，现在，集体荣誉受到了挑战，我怎么能坐视不管呢？我不能被这点儿伤痛击倒，我要为集体荣誉而战，我要向自我极限挑战。"人生能有几回搏"，我豁出去了。

我坚定地站到投掷区内，目光远远地望着40米外那个标志着暂时领先的小铁旗，深深地吸了一口气。要是在平时，这个成绩根本就不能对我形成威胁，但现在，在我吊着绷带，左手手腕还在隐隐作痛的情况下，这个距离似乎有点遥不可及。但我决不言败，因为我知道运动场上不仅是体力、技巧的较量，同时也是智慧和意志的较量。我迅速地在心中琢磨：调整作战方案，增加助跑距离。在对手挑衅的眼神中，在同学们殷殷的目光里，我快速跑过

[①] 本文由殷小燕老师提供。

了十米的助跑区，然后使出全身的力气投出手中那白色的垒球。垒球像一道闪电，在空中划出一道优美的弧线，向远处落去。

成功了！伴随着欢呼声，伴随着喜悦和泪水，我知道这次运动会已经成为我终生难忘的一次运动会。垒球比赛的夺冠为我小学的运动生涯画上了一个圆满的句号，而其中的心路历程、其中的酸甜苦辣却值得我长久地、细细地咀嚼和品味。

（王抒）

4月17日　星期三
终生难忘的失败

今天的早操没有做，由校长给在运动会上获奖的班级颁奖。

全班同学都认为我们这次一定能得不少奖，不说五六个，至少也应该有三四个吧！所以，我们每个人都信心十足地期待着。

开始宣布获奖名单了，这会儿报的是团体操比赛的结果。到六年级了，大家都洗耳恭听，期待着"六（9）班"三个字的出现，可是，校长只报了两个六年级的班级，这两个当中都没有六（9）班！顿时，一股凉意从心底慢慢地升腾、扩展开来。

既然团体操做得不好，那其他的呢？

获奖名单继续报下去，每个奖项里都没有我们班的影子。直到最后，我们都没有听到校长报到六（9）班——我们连一个奖都没有得到，即使是那个最小的、安慰性的"精神文明奖"。

队伍慢慢散开了，每个人都在愤愤不平。我不由回忆起了运动会上的点点滴滴：运动员最后那闪电般的冲刺；同学们放弃难得的玩耍机会，心甘情愿地为班级写稿子；还有拉拉队员们声嘶力竭的呐喊助威……可没想到的是，我们竟输了，干净彻底地输了。

谁说播种了就有收获！小学的最后一次运动会——输得我终生难忘。

（张孜孜）

4月18日　星期四
小伟的精彩表演

"丁零零——"上课铃打响了，我们纷纷回到了座位。

小伟也从门外冲了进来，只见他在黑板前来了个90度的大拐弯，然后又以第一宇宙速度向自己的座位冲去。可是他到了自己的座位并没有停住脚步，反而以更快的速度向前冲刺，似乎后面有一只饥饿的猎豹正在紧追不舍，只要稍稍停顿一会儿就会命丧黄泉；又仿佛面前有一桌美食正等着他，如果再慢一秒就会消失。他如风一样拼命地冲着，眼看就要撞上墙了，于是他伸出双手，准备用手撑住墙壁来停住自己疯狂的脚步。

"咔嚓——"一个清脆而有力的声音将我们的目光拉向后面的图书角，我们都惊呆了——小伟的手并不是撑在墙上，而是深深地陷在图书柜的木板中——图书柜的门被他撑破了！小伟慢慢地把手拿出来，"吱吱——吱吱——"木板像被施了魔咒一样发出几声痛苦的尖叫，那叫声如同锐利的宝剑，刺得小伟连连后退。

他面色苍白，食指虽然放在嘴里，可是早已忘记了吮吸，一双眼睛瞪得大大的，目光中写满了不可思议，写满了惊恐。他手足无措，愣了几秒钟后才踉踉跄跄地回到了座位，可眼珠子仍紧紧盯着图书柜，生怕里面会突然跳出个妖怪来找他算账。

但是，只过了一小会儿，他似乎就忘了这件事，继续活跃起来。

（丁棋言）

4月19日　星期五
祝我生日快乐

街道，还是一样的街道；绿树，还是一样的绿树；大楼，还是一样的大楼……今天并不是一个特殊的日子，但对我来说却很重要。因为，今天是我的生日。

匆匆地走在回家的路上，心里装满了猜测。我并不希望自己的生日过得很隆重、很复杂，我只要妈妈陪在我身边，和我一起唱生日歌，和我一起吹蜡烛，和我一起切蛋糕——只要这样，我就会非常满足了。爸爸已经离开三年了，我特别珍惜和妈妈在一起的时光，特别是今天。

家，很快就到了，可我却紧张起来；门，近在咫尺，可我却没有勇气去打开。"妈妈今天会不会加班？""妈妈今天会不会有饭局？"……我一遍又一遍地问自己，紧闭双眼，用力打开了门——

睁开眼，家里没有妈妈趿拉着拖鞋走来走去的身影，没有妈妈切菜发出的"啪啪"声……取而代之的是安静、是寂寞、是孤单！我大声呼喊着妈妈，可没有人回答我。"啪"的一声，书包从肩上滑落下来，重重地砸在地板上，就像砸在我的心上，砸得我好疼，好疼！

我失望地坐到餐桌旁。餐桌上放了一大堆妈妈送我的礼物：洋娃娃、小说、动画片……这些东西都是我喜欢的，可他们再好也代替不了妈妈。"不！我不要这些东西！我要妈妈！我要妈妈！"不知道哪儿来的火气，我一把把所有的东西都扫落在地上。泪水不知什么时候已流了出来，滑落到嘴里，苦苦的、涩涩的……

我点燃了生日蜡烛，在心里默默地唱起了生日歌："祝我生日快乐，祝我生日快乐，祝我生日快乐，祝我生日快乐。"

（孙显）

4月20日　星期六
渴望门铃

从早到晚，我都像个犯人似的被关在家里看书、写作文、背单词、做数学题，简直难受死了。平时，我最讨厌门铃声，但现在，我却特别希望有人来按门铃。因为门铃响了，客人就来了；客人来了，我就可以休息一下了。

"叮咚！叮咚！"真是说曹操曹操到，门铃真的响了。我立刻从座位上弹了起来，向门的方向望去，等待着妈妈去开门。谁知，接下来却是一声："现在是北京时间十七点整！"哎，我白激动了一场，原来是钟响了。

过了大约半个小时吧，"叮咚！叮咚！"铃声又一次响起来了——这次肯定是门铃！我兴奋不已、激动万分。妈妈去开门时，我已迅速地把桌子上收拾得干干净净了。谁知，妈妈一转身又关上了门，手里多了一份报纸。

原来是送报的！

（吴磊）

第十周 "活宝"·紧张·搬教室

> "所以，当他捧着那叠令人恐惧的试卷走上讲台时，我们一个个都愣住了。此时，教室里的气氛凝重得不像泰坦尼克号即将沉没，而是恐怖分子劫持飞机正向世贸大厦撞去。
>
> "孙老师倒很沉静，比起我们渐快的心跳，不客气点说，他这镇静可真像警察对待死囚啊！"
>
> ——张滋《想不紧张有点难》

4月21日 星期日

小鸡肚肠

如果说，世界上最窄小的是小鸡的肚子，那么比小鸡的肚子还要窄小的就是鸡肠，比鸡肠更窄小的就是小凡的胸怀了。

星期五中午，我正聚精会神地看着书，突然，一本作业本砸到了我的头上。我愤怒地责问后面的小凡："你怎么可以把本子扔在我头上！"

她一听，生气地说："我没有。"接着，指着本子上的名字吼道："是黄婉禾镜！"

我傻了眼，语无伦次地说："对……对不起。"本以为这件事会就此了结，可接下去不到1秒钟，我身后就传来了一阵阵"阴险"的冷笑，这笑声让我不寒而栗。但更让我颤抖的是小凡的话："哈哈哈，不知天高地厚的薛天驹，竟敢诬陷本小姐，本小姐要让你见不到明天的太阳！"说罢，伸出那双不堪入目的手，亮出"九阴白骨爪"的招式。

我被吓得胆战心惊，要知道她的指甲足有1厘米长，里面藏着厚厚的污垢，要是被抓一下，不死也得重伤！想到这儿，我更加害怕了，屁股又往里挪了挪，说："你想干什么？谋杀呀？"

"对。"小凡夸张地点了点头，并怪腔怪调地把第四声的"对"读成了第一声，听起来特别阴森恐怖。

"哼！"我一下子站了起来，假装据理力争地说（其实是为了引起值日生的注意，让他来和平解决），"我已经向你道过歉了，你还要怎样？"

小凡不以为然，一拍桌子也站了起来，眼镜也激动得跌到了鼻梁上："你个小样儿，做事从来不用脑子，不分青红皂白就诬陷本小姐，道个歉有什么用？我把你的书撕了，再和你说一百声'对不起'，你干吗？"

"可我又不是故意的。"我哭笑不得，"要是你再这么无聊，我就……"

"你敢！"小凡盛气凌人，两只眼睛逼视着我，一股浓浓的火药味儿在我俩之间弥漫开来。

就在这千钧一发的时候，值日生杨明明出现了，他虎视眈眈地看着我和小凡，严肃地说："你们都别吵了，要不然一起上光荣榜！"

"求之不得！"我坐下去，重又捧起书，可耳边却又传来小凡那"狰狞"的笑声："哼，算你走运，这件事没完！"

唉！我真想拥有一把神奇的气筒，把小凡那狭窄的心胸打满气，并越鼓越大，越鼓越大，一直鼓到宰相的肚子那样大。

（薛添驹）

4月22日　星期一
我岂能被你吓倒

中午，图书馆里静悄悄的，同学们都在认真地看书、写作业。突然，坐在旁边的江至诚轻声地喊起来："快看，地上有一条蜈蚣！"

我最怕虫子了，于是连忙低下了头，只见一只比苍蝇大不了多少、浑身发黄，还微微长了些毛的家伙，正顺着桌子腿一个劲儿地往上爬呢。"这是蜈蚣吗？倒像是蜘蛛。"我随口说道。

江至诚一听，顿时来了劲，他拾起虫子放到我面前，狡辩道："你看看清楚，这是蜘蛛啊？这是蜘蛛啊？"我几乎给吓死了，连忙收拾好东西，回到了教室。

本以为事情就这样平息了，谁知，江至诚这家伙竟然把虫子带进了教室。这不，刚一下课，他就拿着虫子吓唬起女生来。女生们一个个被吓得大声尖叫，四处逃窜，教室顿时成了一座恐怖的城堡。

"这家伙真是个'法西斯'！"我心里狠狠地骂着，接着又惶惶不安地念叨起来，"江至诚啊，江至诚，你可以用别的手段来对付我，但千万别拿这虫子来开玩笑。"突然，江至诚的目光向我这边射来，我用手拍拍前额，闭上眼睛，不安地想："不会吧，难道这'虫子'又盯上我了？"

果然，江至诚三步并做两步来到了我桌子前，我的眼睛紧盯着一本打开的小说，假装没看到。别看我表面上一副镇定自若的样子，其实心里慌得很。江至诚见我没反应，干脆把虫子扔到了我的书上，我刚想尖叫，可转念一想："不行，我不能喊。你这个江至诚用这么毒辣的手段来对付我，我偏不让你得逞。不就是一只小虫子吗？我不知道比它大多少倍，岂能吓倒我！"于是，我从抽屉里拿出本子，想把这"扫把星"扫出去，可江至诚眼疾手快，一把抢走了他的小虫子。我瞥了他一眼，又看起书来。江至诚二话没说，失望地走了。

过了一会儿，一段对话从后面传了过来：

"你怎么不去吓陶钦的？"

"我吓过了，她不怕。"

我听了，心里高兴极了。

（陶钦）

4月23日　星期二
搬教室

教室在平房里的时候，我一直羡慕那些住在楼房里的班级，没想到，幸福来得这么快——今天我们也要搬到楼房里去了，而且是全校的最高层——

三楼!

放学铃一响,激动人心的时刻便到了,老师一声令下,喜逢"乔迁"的我们便搬着各自的家什浩浩荡荡地出发了。

我是负责搬凳子的。不是我吹牛,让我搬凳子实在是大材小用。我在人群中穿梭自如,不一会儿就到了二楼的平台。这时,我突然发现了我们班的"淑女"王君早已到了二楼,心里很是疑惑:"老大姐,平时慢慢吞吞的你,今天怎么成了飞毛腿了?"

"什么呀,有他呢!"说着王君用空空的手朝下面指了指。我顺着她指的方向一看,是张璋这小子!只见他左手一把椅子,右手一把椅子,背上还背着两个书包。原来他为了充当英雄,竟扮演起了"力夫"的角色。他那模样不禁让我想起了一首歌:"左手一只鸡,右手一只鸭,背上还背着一个胖娃娃!"——哈,典型的小媳妇回娘家!

看,那不是我们班的童威吗?他以"大力士"的身份一人包揽了搬运课桌的任务,此时,他正在卖力地干呢!只见他把桌子放下来歇了歇,然后对着两手吹了口"仙气",接着拍了拍胸脯,又深深地吸了一口气,最后"啊"地大喊了一声,于是那如山般的讲桌就"启动"了。讲桌随着童威迈出的脚,一左一右、一左一右地向前挪着,活像一只巨型螃蟹。看着童威那自以为是又不失滑稽的样子,我不禁笑出声来。

不一会儿,我们的"家"便搬好了。在新教室里,大家有的像乡下鼠进城一样,争着操作多媒体平台,有的站在走廊上向远处眺望,还有的在窗口享受着春天的阳光。我以倒垃圾的名义又回了一趟老教室。望着空荡荡的老教室,我挥了挥手,轻轻地说:"再见了,陪伴了我半年的老伙计!"(陈婕)

4月24日 星期三
"特工"孙老师

每天的早操和课间操,只要孙老师不在,我们班的几个"恐怖分子"便会乘虚而入,猖狂活动,或说话,或打闹,体育委员根本就管不住他们。于是，这几天，孙老师每天都雷打不动地站在三楼俯视我们做操，吓得那些"恐怖分子"再也不敢乱动了。

课间操的音乐又响了，我们又排着队来到操场了，孙老师又该捧着茶杯板着脸，严肃地站在三楼了。然而今天，孙老师的身影却不见了。我疑惑地努力寻找，却一无所获，而"恐怖分子"们早就耐不住性子投入到工作中去了，他们一个个忙得忘乎所以，唾沫四溅。

做到"伸展运动"这节时，我不经意地抬头向教室后窗看了看，突然，我看见有一扇窗户背后十分隐蔽地露出了半张脸，这半张脸闪着寒光，燃着怒火——是他！孙老师！

姜到底是老的辣。孙老师不愧为孙悟空的亲戚，"恐怖分子"们当场被一网打尽，他们站在教室前面，埋着头，个个一副追悔莫及的样子。关公面前舞大刀，再狡猾的狐狸怎么能逃过猎人的枪口呢？恐怖分子们的头脑真是太简单了！

我想阿富汗、伊拉克这些国家的总统应该高薪聘请孙老师去当警察。要不，"孙悟空的亲戚"——孙老师的才华岂不是要付诸东流，白白浪费。

（王沉）

4月25日　星期四
想不紧张有点难

今天又要考语文了！

这次我比任何时候都紧张，因为今天是一二三单元的测验，而这三个单元又是标准的"重量级"单元，有《烟台的海》《三亚落日》《记金华的双龙洞》三篇巨文要默写，想不紧张也有点难！虽说我在平时的默写中无一次不过关，但上次考试我不也只得了94分吗？

题目比上次要难——我个人这么认为，虽然孙老师在考前贴过一份安民告示：试卷不难，考的是细心！其实，这告示的确只是用来安民的，试卷什么时候不是一次比一次难的？

头一次出现选择题，我小心翼翼地做着，生怕踩到地雷把自己炸得半死。不好，选择题的第三题该选几呢？"下列哪个选项有误？"我将题目扫了五六遍，但就是看不出哪个选项有破绽。最后我一个一个地琢磨，才发觉"忘却"的"却"好像不是"记"的意思，但我又拿不准，于是便再三斟酌，直到实在找不到其他错误之处了，我才狠狠心，在空白处写上了个"b"。

考试静静地进行着，教室里，气氛异常紧张……

我的脸不白了

大家想不到的事还是发生了！大概是下午的时间太多了，孙老师竟然将168张试卷全部看完了。所以，当他捧着那叠令人恐惧的试卷走上讲台时，我们一个个都愣住了。此时，教室里的气氛凝重得不像泰坦尼克号即将沉没，而是恐怖分子劫持飞机正向世贸大厦撞去。

孙老师倒很沉静，比起我们渐快的心跳，不客气点说，他这镇静可真像警察对待死囚啊！

一番长篇大论后，发试卷、报分终于开始了！

老天真不懂人意，孙老师先报的竟然是我们这组。顿时，我的心拎得更高了，因为我的前面可只有三个人！就像独自一个人在黑夜里走路，杀人犯忽然窜出来了，他离我只有几步之遥，而我身边却一个救星也没有。

讲台上，孙老师正把试卷递给前面的同学，我的脸一下子白了，我不知道孙老师那张嘴里接下来到底会吐出什么样的字眼。

"张滋，97.5。"顿时，耳边响起了一片惊叹。虽然我还不知道这个分数在班级里的位置，但可以基本肯定的是，我的脸应该不白了。　　（张滋）

4月26日　星期五
重回老教室

新教室搬了还不到一周,我就怀念起老教室来。

今天放学的时候,我和王均一起去"看望"那间"风光不再"的老教室。

没有了我们的身影,这里的一排平房显得那么孤寂。如果是个不了解这里的人,他可能怎么也不会想到,这里曾是我们的教室。

周围一片静寂,我俩趴在窗台上,透过玻璃往里望。自然,这里什么也不会有:曾经的黑板已不复存在,只在墙上留下了一块醒目的"伤疤";曾经的课桌也不复存在,取而代之的是一堆杂物;满满一教室的人当然也都走了,只剩下我们两张张望的脸。

"走吧!"我轻轻地叹了一口气,转身准备离去。蓦地,走廊柱子上的一张贴画映入了我的眼帘——这是我在一次课间贴上去的。周围的一切仿佛都在沉睡,但这贴画又勾起了我的回忆:好熟悉的老教室,或许不久之后它就不复存在了,但我会永远记住它。

(张梓)

4月27日　星期六
"活宝"老爸

爸爸快四十了,但依然是个标准的大"活宝"。

他长着一头乌黑发亮的头发,两只宝石般的眼睛盯着你看时就像两颗亮晶晶的星星。高挺的鼻梁下面是一张永远都笑呵呵的嘴巴,就算天塌下来,那张嘴都不一定会闭起来。

今天爸爸不上班,他起了个大早去晨练。回来时,我已经洗漱完毕坐在沙发上看电视了。只见他悄悄地溜到我身后,用手死死捂住那张想笑的大嘴,然后猛地一拍我的右肩。当我转过身去后,他立马大叫一声"哇——"

我慢悠悠地放下手中的遥控器,眯着眼睛看着这个自作聪明的家伙,很夸张地说:"哇,我好怕怕、好怕怕哦,吓死人了!"但我的表情分明在告诉他:"小样儿,你不知道电视机旁边的镜子早已把你出卖了吗?这样的招数,我五岁就不玩了!"

见没吓到我,老爸垂头丧气地向房间走去,一边走还一边嘟嘟囔囔地念叨着什么,一不小心把妈妈最喜欢的虎皮兰给踢倒了。我吓了一跳,立即跑过去把盆栽放好。老爸好像突然得到了灵感,只见他转过身来,"啪"的一脚,竟然故意把盆栽踢倒了!

我愤怒了,但却不会失去理智而上当。我装出一副没看到的样子毫不理会。而老爸呢?对我又是招手又是眨眼,好像在说:"盆栽倒了,快来扶呀!快来扶呀!"见我不理他,他觉得没趣了,赌气般地回到房间,竟然没把盆栽扶起来。

果然不出我所料,妈妈一会儿就发现了盆栽的悲惨遭遇,老爸当然被训斥了一顿。他呀,乖得就像被老师教训的小学生一样,那可怜没人爱的样子,我都不忍心看了。可老妈刚训完离开,他立马"满血复活"了,趁我不注意拽了一下我的耳朵,然后心满意足地回到了房间。

家里有这样一个大活宝,我是该笑呢?还是该哭呢? (吕先明)

第十一周　耍酷·绝望·"五一"节

> "同座石雨听见了说：'不酷，你这个小白脸儿再怎么打扮也像个文质彬彬的女孩子，一点儿男孩子的味道都没有，怎么能说酷呢？'
>
> "'是啊，是啊，'我连忙接着说，'我看你还是到美女选拔赛上去比赛吧！'"
>
> ——李洋洋《爱摆酷的王名》

4月28日　星期日
一声"鸡啼"

今天是周末，妈妈烧了好多菜！

红烧排骨、酸菜鱼、鸡汤、小龙虾……全是我最爱吃的。"让你体验一下霍格沃茨的美食。"老妈拿来碗和筷子，笑眯眯地把椅子拉出来，得意扬扬地问，"不错吧？"

"嗯，Wonderful！"我也顾不上淑女形象了，一屁股坐在椅子上，嘴里立刻塞满了"霍格沃茨的美食"。

这时，老爸回来了。他放下外套，穿上了拖鞋，人还在客厅就大声抱怨着："老婆，你什么时候也给我们烧一顿大餐呢？都星期天了，也不烧点好的。我在楼下就闻到别人家烧排骨的味道了，好馋啊！"

老妈有点生气，快步朝老爸走去，故意挡在餐厅门口："我就是不烧！饿死你！要烧自己烧去！"

"好了，好了，别在意啊！我只是随便说说！"老爸低声下气地求饶着，生怕冒犯了武功天下第一的老妈。他拍了拍老妈的肩，继续表白道："我才不要吃什么排骨、鸡汤呢！老婆烧的菜最健康！"老爸一边说一边夸张地把手一扬，似乎把那些美食都赶走了，只留下了老妈的"粗茶淡饭"。

"好吧，进来吧！"老妈侧过身子给老爸让开一条路，随即我听到了一声嘹亮的"鸡啼"——老爸那声惊讶过度的"哦"太像鸡啼了！

"扑哧"一声，我和老妈都笑了，老爸却顾不上尴尬，坐下胡吃海喝起来。呵呵，他这一个星期的运动肯定白做了，但我却不想提醒他，一是因为他实在可怜，第二吗，是因为我不想再次听到那嘹亮的鸡啼。　　（王彦婷）

4月29日　星期一
爱耍酷的王名

最近，我发现王名变了，变得爱耍酷了。

前天中午，他拿着两张照片（一张是顾明的，一张是他自己的）笑嘻嘻地问杨晨："杨晨，你说是顾明的照片帅还是我的照片帅？"

杨晨瞟了一眼说："让我想一会儿，你先回座位吧。"

过了一会儿，他见杨晨还没有回答他，便又跑过来问："杨晨，到底谁帅？"

杨晨皱了皱眉头说："你还可以，顾明稍差了一点儿。"

"什么，只差一点儿，我看是差许多吧！"显然，王名对这个答案非常不满意。于是，他又转过头去满腔热情地问周华："周华，周华，你说这两张照片哪一张更帅一些？"

周华犹豫不决，过了好一会儿才勉勉强强地挤出了一个字："你。"但他却像中了彩似的，乐得笑容满面，万分满足地走上了座位。

今天早晨，他又转过头来问我："我酷吧！一条牛仔裤，一双詹姆斯限量版运动鞋，一件华晨宇同款T恤，不比易烊千玺差吧？"

同座石雨听见了说："不酷，你这个小白脸儿再怎么打扮也像个文质彬彬的女孩子，一点儿男孩子的味道都没有，怎么能说酷呢？"

"是啊，是啊，"我连忙接着说，"我看你还是到美女选拔赛上去比赛吧！"

"你们别忙下结论。"王名听了一点不生气,一边站起来一边说,"我给你们摆个造型,你们看好了再评价,好吗?"说完,他往黑板上一靠,两手抱在胸前,头向左一偏,眼睛里放射出冷漠迷蒙的目光。

"你真会耍酷。"路过的张涵说。王名听了,微笑着点了点头,随即又还原成了刚才的神情,继续过起了他的"耍酷"瘾。　　　　　　(李洋洋)

4月30日　星期二
绝　望

一下午,我都在祈祷,恳求仁慈的上帝保佑我顺利闯过"五一"前的鬼门关——上午的数学考试。现在老师终于开始发试卷了,我不由自主地闭上了眼睛,紧张得渗出了汗水的手在胸前一遍又一遍地划着"十"字,口中不停地念着:"上帝保佑,阿门!"宛如一个要上绞刑架的死刑犯,正在焦急地期盼前来搭救他的人。

试卷终于来了——张牙舞爪地来了。火红的曲线扭曲成了一个我最不想看到的分数——91分。在它身上,我看到了妈妈失望、愤怒的脸庞;在它的身上,我看到了一个蒙着一层阴森森面纱的"五一"假期。于是,恐惧升上了眉梢,伤心扭成了一团,心剧烈地颤抖着,猛烈地击打着胸膛——我如烂泥般瘫倒在椅子上。　　　　　　　　　　　　(薛绮纹)

"打人去了"

八点半了,我还在补习班奋笔疾书。这时,李星已经写完了作业,于是他就跑到旁边跟我说话。他双手撑着我的桌子,脚踩在旁边的椅子上。

正当他说得起劲时,语文老师突然把目光投射过来,在李星的脸上停留片刻后便大声喝道:"李星,把脚放下来,你想干吗?"

不知道李星是被这雷鸣般的呵斥吓到了,还是他的哪根神经搭错了,他居然丝毫没有反应，仍然傻愣愣地把脚放在椅子上，傻愣愣地看着语文老师。

语文老师嘴里"啧"了一声，随即站到了内屋的门口，用比刚才更大的声音说："李星，你给我过来！"李星这时候好像才清醒了似的，一步三摇地走到了门外。

因为门没有关太紧，所以片刻之后满屋子里都是李星吃痛的"啊啊"声。过了一会儿，来了个初二的哥哥，见语文老师不在就问："语文老师呢？"

张力飞回答："打人去了。"

大家哄堂大笑！

（钱嘉豪）

5月1日　星期三
这到底算什么

一连几天都很热，热得简直好像到了盛夏。但今天却难得的吹来了阵阵凉风，我不禁慨叹老天有眼，也许他老人家看到我等莘莘学子放假了还在刻苦认真地学习，不忍热下去了吧！

也真是的！"五一"本来就是让我们休息的，可我们还得做作业；做作业就做作业吧，可我们这些即将毕业的学生还得复习学过的内容，预习剩下的部分；复习预习就复习预习吧，可我们还要在这大热天里上什么"奥数班""作文班"；上课就上课吧，可爸爸妈妈早上又不肯让我睡懒觉……

那干嘛还要放假呢？直接上学不就得了？

真搞不懂这到底算什么！

（杨远）

催眠的好办法

上完"奥数"回来，我已经做了整整四个半小时的作业了！现在的我腰酸、手麻、背疼，但大脑却特别清醒——我失眠了。

平时，只要一到九点，我就会呵欠连天。但今天，不知为什么，已经十一点二十了，我还在翻来覆去，怎么也睡不着。妈妈叫我吃颗钙镁片，我不吃，因为我根本就不相信吃这个东西会有用。妈妈又让我看电视，可我越看越兴奋，更是睡意全无。没办法，妈妈只好让我去做作业，一听见"做作业"三个字，我的头就立刻疼了起来，睡意也像浓雾一样在我脑海里弥漫、升腾开来……

这真是个催眠的好办法！

（严晶辰）

5月2日　星期四
还不如去考试

一个人在家没完没了地写个不停，电话铃也响个不停，每次都是妈妈打来的，要么问作业的情况，要么问我是不是在偷看电视或玩手机。

因为电话机就放在电视机旁边，如果我很快去接就说明我在偷看电视——这是妈妈总结出来的规律。

所以，每次接电话我都拖得晚很晚才接，简单机械地答上几句，就匆匆地挂掉。

其实，妈妈根本不必担心——不写作业，我还能干什么呢？《小学毕业压轴训练》《毕业试题汇编》《名校、名师、好题》……各种各样的书是一本接着一本，想趁机捞一笔的出版社太多了！

妈妈一回家，就直奔我的房间，检查作业的进度。每次都要丢下几句，"XX家的XX小孩已经做完练习册了，你呢？"

这么无聊，还不如去考试呢！

（司马亮）

包饺子

今天，家里吃饺子。不知从什么时候起，我就不喜欢吃饺子了，所以，每次吃饺子，妈妈就用一盘饺子去邻居家换一碗米饭帮我渡过难关。

妈妈调馅儿，爸爸买皮儿，我也跟着帮忙。

记得有一次，我偷偷地把一枚硬币包到了饺子里，想：谁吃到了谁就有好运。后来，我吃到了，但好运没有，厄运却来了——我的牙齿整整疼了一个下午。

今天，我不包硬币了，我决定包一片火腿肠，这样吃到的人就不会损伤牙齿了。

饺子起锅了，爸爸妈妈各盛了一盘子，不知火腿肠在谁的盘子里。

（陈梦醒）

5月3日　星期五
本次挑战失败

今天奶奶烧了小虾米，这可是我的最爱！

可是，我的咳嗽刚好了一些，奶奶不允许我吃。看着大人们吃得津津有味的样子，妒忌的火焰在我心里越烧越旺，我暗下决心："一定要吃到！"

于是，我放下筷子，歪着头斜坐在椅子上，一副一点胃口也没有的样子。为了更加逼真一些，我偶尔会拿起筷子，心不在焉地在碗里扒拉几下，然后又有气无力地把筷子放下——奶奶果然发现了，她焦急地问："怎么了？是不是没有胃口不想吃？不吃怎么行呢？吃一点好不好？"奶奶一说就没完没了，目的只有一个：让我拿起筷子吃！

我狠狠地转过头去，紧紧地皱着眉头，过了好一会儿，才"懒洋洋"地回答奶奶："我要吃一样东西，你要答应我！"

"好的！好的！"奶奶忙不迭地回答。

"那好，我要吃虾！"听了我的话，奶奶好像被什么东西狠狠地吓了一下，她愣住了，随即就连连摆手："不行，你咳嗽还没有完全好，不能吃。"

眼睁睁地看着计划失败，我心中的怒火又"腾"地一下燃烧起来，但我知道干着急没有用，还得想办法才行。于是我强行让自己平静下来，向妈妈发起了进攻："妈妈，我要吃虾！"

"不行！"妈妈头都不抬一下，干脆利落地拒绝了我。

"我下午还要上一节英语课，可能还要考数学，不吃饱脑细胞就会枯萎，脑细胞枯萎了，我怎么记英语？怎么去考试？"我滔滔不绝地说着，感觉自己特别有才！

"除了虾，你什么菜都可以吃！"妈妈看也不看我一眼，瞬间将我秒杀。

"爸爸，我要吃虾！"这是我的最后一根救命稻草了，虽然希望不大，但我还是要做最后的努力。

爸爸站了起来，把椅子推到餐桌下，然后向客厅走去。他仿佛是个聋子，压根儿听不见我的话，又好像是个盲人，根本不知道我的存在。我傻了——道高一尺，魔高一丈啊，孙悟空怎么能跳出如来佛的手掌心呢！我不得不宣布：

本次挑战失败！

（杨珺蕙）

5月4日　星期六
母爱的味道

不知妈妈又是从哪张可恶的报纸上看到的，说吃枸杞芽对视力有帮助。于是，家里又以迅雷不及掩耳之势掀起了一阵"枸杞热"。这东西要是什么一般的菜，倒也没什么，可是那苦劲简直和黄连一模一样；这东西要是可以放点糖吃，倒也没什么，可是妈妈却说不加糖效果才好；这东西要是偶尔吃一次，倒也没什么，可是妈妈又说了，要像吃药一样日日吃、月月吃、年年吃！

早上一碗枸杞芽面，中午一碗枸杞芽汤，晚上一碗炒枸杞芽，我越吃越恶心，一见到枸杞芽，就想上去把它踩个稀巴烂。

今天，妈妈又陪我吃枸杞芽了，而且吃得比我还多，看着她那吃得津津有味的样子，我忍不住问："你怎么这么爱这东西？"妈妈拧着眉毛，使劲咽下一口，然后猛扒了一口饭说："我才不爱吃呢！"

我更加不解了，忙问："你不爱吃，还吃得这么带劲？""只不过怕我不以身作则，你要提意见而已。"妈妈信口说道。

突然，她好像意识到了什么似的，闭上了嘴，良久才说："吃枸杞芽的好处很多，这点苦算什么，我才不怕呢！"说完她又挟起一大筷枸杞芽塞进嘴里，这时她的眉毛没有皱，脸上甚至还露出丝丝笑容，仿佛在品尝人间最美味的食物。我愣住了，心里"咯噔"了一下，随即便什么都明白了。

我也挟起一大筷枸杞芽，咀嚼着、品尝着这苦苦的味道，这母爱的味道。

（严语）

第十二周 混战·爸爸·孙老师

> "忽然想起了《一个女孩心灵史》中的那个妈妈。她从不给孩子压力，从不打骂孩子，总是十分信任孩子。如果世界上真的有这种妈妈的话，那她一定是比大熊猫还要珍贵的'珍稀动物'。因为，我从来没有在生活中看到过这样的妈妈。"
>
> ——张 滋《珍稀动物》

5月5日　星期日

珍稀动物

不知不觉已经十点钟了，即使是周末，我也是在语文、数学、社会、科学、英语作业的海洋中度过的。

老师的作业其实并不多，可老妈却加了一大堆课外练习题，尤其是那些奥林匹克的题目，条条怪异无比。

比如：

从甲城到乙城，可坐火车，可坐汽车，可坐飞机，如果一天中有5班火车、3班汽车、2班飞机，那么这一天两城中有几种不同的走法？

飞机都有了，还用得上汽车？不同的走法？不就飞机、火车、汽车三种吗？总不会坐宇宙飞船去吧？！

忽然想起了《一个女孩的心灵史》中的那个妈妈。她从不给孩子压力，从不打骂孩子，总是十分信任孩子。如果世界上真的有这种妈妈的话，那她一定是比大熊猫还要珍贵的"珍稀动物"。因为，我从来没有看到过。（张滋）

5月6日　星期一
孙娴的脸红了

午自习下课铃一响，蔡润之便轻声问孙娴："喂，有没有看见我的英语书？"

"没有。"孙娴头也不抬，两只眼睛直盯着书不耐烦地说。

"在不在你的书包里？"蔡润之毫不气馁，接着问道。

"不在！"孙娴白了他一眼，又看起书来。

蔡润之双手合十，小心翼翼地说："看一下嘛！"

"你这人真烦，"孙娴气呼呼地从凳子上站起来，还没站好，就又狠狠地用力坐下来，"我已经说没有了，你难道还不相信！"此刻，孙娴已转向了蔡润之，两只眼睛，哦，不，是四只眼睛（包括眼镜）愤怒地逼视着他，一股浓浓的火药味顿时弥漫开来。

蔡润之丝毫没有注意到孙娴的变化，依旧傻乎乎地说："就看一下。"

"一下？"孙娴挺直了身子，脸已变得铁青，我分明看见她心中的怒火又洒上了酒精，正在疯狂地往上蹿。她牙齿咬得咯咯响，那架势好像在说："你要敢再问一句，我就不客气了！"

就这样，他们俩你问一句，她跳一下；再问一句，再跳一下……这种状况整整持续了一个下午。

终于到了放学的时间，收书包时，孙娴惊叫一声："蔡润之，你的书！"她不好意思地从书包里掏出蔡润之的英语书，抱歉地笑了。

教室外，走廊里，孙娴的脸比夕阳还要红！

（赵超）

5月7日　星期二
吹牛状元

"耶——"

作业本刚刚发到赵超的手中，他便以教室每个角落都能听得清清楚楚的分贝夸张地大叫一声，握成拳头的两只小手，在空中胡乱地挥舞着，比杨贵妃还要丰满的身躯不知疲倦地扭动着，身上的肥肉也有节奏地跟着晃动起来。

庆祝了一阵后，他满面红光地转过头，双手叉腰，以居高临下的姿态矗立在我面前，用轻蔑的目光俯视着我，阴阳怪气地问："孙娴，你这次片段得了多少分啊？"他把"多少分"夸张地扬了上去，听得片段成绩并不出色的我心里虚虚的。我耷拉着脑袋，无精打采地叹了口气，用蚊子哼哼的声调回答道："得了90分。"

话音未落，赵超便疯狂地笑了起来，他一手指着我，一手捂着肚子，整个脸部三分之二的面积都被嘴巴占领了。他上气不接下气地讽刺我说："哼，亏你还是孙娴，亏你还号称能写，可居然只得了这么一点点分数。哈哈，今天你终于拜倒在赵超的石榴裙下了！"

赵超的笑声如同一根根针，刺得我心里很不是滋味。我心头烈焰熊熊，"腾"地站起来，激动得有些语无伦次："你……你凭什么嘲笑人，有……有本事你就说说，你得了多少？"

"我得了多少，哼！"赵超从鼻腔里吐出一个"哼"字，冷笑道，"就你那水平，还敢跟我比！小样儿！告诉你吧，你根本不是我的对手！"他一字一顿地说着，喷了我一脸的口水。

"你，你……"我气得直哆嗦，狠狠地瞪着赵超，却什么也说不出来。赵超朝我摆摆手："我懒得跟你吵，你在这儿慢慢气，我上WC去了！"说完，他一蹦一跳地走出了教室，嘴里还悠闲自得地哼着小曲。

我恼怒地拍了一下桌子，一本家作本应声而落。是赵超的！好奇心驱使我把它打开——

本子上，一个大大的"91"在阳光下显得那样耀眼！　　　　　（孙娴）

5月8日　星期三
贪吃的"猪宝宝"

"啊哈——"

科学课上，我们正在讨论嫁接，后面的孙娴突然轻轻地兴奋地叫起来。

085

我忍不住向她看去，只见孙娴眼睛盯着天花板，因兴奋而扭曲的脸上挂着一丝憨憨的笑。像一只狗？不，像一只熊？不，那么，像，一只——不，一头——猪宝宝！对，没什么比这更准确的比方了。

"你干吗？"同桌钱力疑惑地盯着孙娴问道。

"呵呵呵呵，呵呵……"孙娴好似仍处于"梦游"状态，一个劲地傻笑着，"我可以，呵呵……"

"快说啊！"一向慢性子的钱力竟也忍不住了，催着孙娴。

"啊！"孙娴咂咂嘴，回味似的说，"我可以将我邻居的桃树剪下一根枝，嫁接到我家的树桩上。那样，不要三年，我就可以吃到桃子了！"孙娴一甩头，那样子得意极了。现在，我总算知道她兴奋的原因了。我和钱力相视一笑，看着她贪婪的样子，我更确定刚才的比方——她像一头猪宝宝。

下课后，她突然又阴着脸，嘟着嘴，一副不高兴的样子。"你又怎么了？"我凑上前，有些幸灾乐祸地问。

"你不知道！"孙娴气得直跺脚，挥舞着拳头，大声说，"我家邻居有条狗，老大老大的，吓人呢。看见有人摘花就咬，不要说剪树枝了，怎么办？"她深深地叹了一口气，眼睛滴溜溜地转来转去，似乎在想什么妙招。

"怎么办？怎么办……"整个下午，这三个字一直"冲击"着我的耳膜。哎，我又该怎么办啊！

（赵超）

5月9日　星期四
爸　爸

一直觉得爸爸很懒——从来不接送我，从来不做家务，不管春夏秋冬，每天中午一定要睡上一小时……

放学了，在妈妈每天接我的地方，却意外地看到了爸爸。

他有些焦急地站在那儿，紧皱着眉头四处张望，风把他的头发吹得像草一样凌乱，显然已经等我一段时间了。我心头一热，快步走到爸爸身边。他轻轻地舒了一口气，随手接过我的书包向着车走去，边走边解释道："妈妈出差了!"

回到家,他直奔厨房,我则躺在沙发上,悠闲地看着电视。"吃饭了!"不大一会儿,爸爸沙哑的声音就在厨房里响起。我赶紧溜了进去。哇!桌子上摆着金黄的炸鸡翅、紫色的油焖茄子,还有通红嫩黄的西红柿鸡蛋汤——全是我爱吃的。我狼吞虎咽地吃着,爸爸则悠闲地喝着他的小酒,几杯下肚,他房门一关,睡觉去了。

在书房做了一会儿作业,不知不觉就到了上学的时间。"哎,爸爸也真是,天天要睡午觉!"我心里埋怨着,拿好钱,准备打车去学校。

打开门,却发现爸爸已经坐在了沙发上。他穿得整整齐齐,一副随时准备出发的样子。"你怎么不睡了?"我疑惑地问。"心里老怕错过了送你上学的时间,睡不着。"爸爸一边说一边揉着眼睛。我猛然发现,爸爸的面容是那么疲倦,他的两鬓竟然已经斑白了——完全不像一个四十岁的人!

"怎么不走啊?"见我愣在那里,已经走到门外的爸爸不耐烦地催促道。

"哎,来了!"我用力眨了眨眼睛,走了出去。　　　　　（海平）

5月10日　星期五
孙老师是不是有问题

"喂,那不是孙老师吗?"眼尖的邵婧懿指着前面一个胖胖的、提着包的身影说。

可不是嘛,我们可亲可爱的孙冬冬正在密密的细雨中漫步呢!孙老师是不是疯了?我拉拉雨衣帽子,连忙追了上去,说:"孙老师,您怎么不打伞也不戴帽子呀?雨下得这么大!"

"需要打伞吗?"孙老师转过身来,满脸的诧异,"这雨打在脸上、打在身上多么惬意、多么舒服呀?你们也感受一下吧!"

"哦,不用不用!我……我……感冒了。"我连忙摆摆手,接着一声不吭地跟在他后面。孙老师一会儿仰起头,一会儿伸出双臂,一会儿侧过脸,仿佛是想让这细雨把他彻底地清洗一遍。我心里直打鼓:孙老师是不是真的有问题啊，一会儿羡慕定慧寺的出家人，一会儿又来个"雨中漫步"……

就在我胡思乱想的时候，孙老师又指着路边上学期栽的银杏树说："你们看，这几棵新芽都长出来了，可那几棵还是没有动静，如果没活过来多可惜啊！"

我抬眼望去，白茫茫的一片，什么也看不清，可还是长长地"噢"了一声，然后加快速度向教室冲去。

身后，孙老师还在雨中漫步。

（黄琪）

5月11日　星期六
护城河的柳

老家最美的地方是护城河，护城河最美的要数两岸的柳树了。

春天，当万物还在沉睡的时候，柳树已悄悄睁开了黄绿的眉眼。那芽，小小的、嫩嫩的，让人想把她捧在手心里，细细地呵护；那枝，细细的、柔柔的，让人想把她织成一件衣服穿在身上。一阵风儿吹来，千万条柔柳随风飞舞，如一片淡淡的绿雾，似一团轻轻的绿纱。于是，护城河就变成一条仙河了！

但我最喜欢的还是柳絮。鲜花盛开的时候，柳絮也不甘寂寞，纷纷跑来凑热闹，整个护城河都笼罩在如梦似幻的飞絮中。它们像纤细的羽绒，像柔软的棉絮，像洁白的雪花，像翩飞的精灵，一会儿扑进你的怀里，一会儿沾上她的头发，一会儿在空中飞舞，一会儿在水面飘荡。我想它们一定是孩子变的，不然怎么这样顽皮、这样爱热闹。飞絮的好心情也感染了过往的大人，他们出神地看着，快乐地笑着，有的还伸出手去捕捉——哈，大人也变成孩子了！

夏秋两季是柳树最茂盛的时候，变得枝繁叶茂，郁郁葱葱。叶子是那样的绿，绿得似乎是用颜料堆积而成；枝条是那样的密，密得只听到鸟儿的鸣叫却看不到它们的踪迹。傍晚，站在武定桥上向西望去，玫瑰色的夕阳下，无数条柳枝静静地垂挂在水面上，真像一幅浓墨重彩的中国画。

几阵西北风过后，柳树的叶子落光了。她并不是害怕，而是在悄悄地积蓄力量。如果你是个细心的孩子就会发现，即使在最冷的时候，她的枝条也泛着绿色，她的芽已悄悄鼓起。

（丁宇）

第十三周　轮回·"蒙难"·想不到

> "'年年岁岁花相似，岁岁年年人不同。'真想回到过去，回到没有忧伤、没有压力、没有负担的过去。但，这是不可能的。那么，面对堆积如山的作业，我们只要选择坚持，或许有一天会——
> "柳暗花明又一村。"
>
> ——张　滋《轮回》

5月12日　星期日
真想不到

又是一个烦闷的雨天。

忘了带伞的我边急匆匆地向家走，边咒骂着这鬼天气。本来就穿着长死人的裤子，可又偏偏赶上这倒霉的雨天，裤管不时碰到水洼，一会儿就湿得不成样子。裤管已脏得不堪入目，我只好用手指提着裤子往前走。

无数细小的水滴打落在眼镜上，景物变得支离破碎，我随便在眼镜上抹了一把，却更加模糊。我不耐烦了，一把将眼镜抓下，却一下子愣住了：

由于近视的缘故，眼前的一切都变得模糊不清，草的绿色、桂花树的绿色、小叶黄杨的绿色……好像天下所有的绿色都聚集在一起。它们本不相干，各自有各自的界线，今天却好像是共同庆祝什么重大节日，取消了界线，汇成了一种说不上名字的、非常好看的绿，加上一场雨，洗去了它们所有的灰尘和污垢，再加上因近视掩盖了几许枯黄。这种绿既有一股小桥流水般的温柔，又有几分冰清玉洁、高雅脱俗的气质，似乎还有点晶莹剔透的感觉。

真想不到，那些平日里单调的绿竟有如此美丽的一面。　　　（万楚凡）

5月13日　星期一
总不能在厕所里过一辈子吧

因为赵超在日记中把孙娴比作小猪猪，所以他不得不躲避孙娴的"追杀"……

做操回来的途中，我正和赵超聊天，猛地感到一股"杀气"扑"背"而来，这"杀气"寒冷彻骨，我浑身禁不住一哆嗦，回头一看，果然是孙娴。她眉头紧锁，脸涨得通红，两眼里放射出刀子般的目光，如果现在她的头上蹿出通红的火苗，我也不会感到奇怪。她凶神恶煞地走在走廊上，整个教学楼似乎也在随着她的脚步而颤动着。我心里毛毛的，鸡皮疙瘩像听到号令似的全冒了出来。她这个样子怎么能和可爱的猪宝宝相比呢？简直就是一头狼，一头凶狠的、残忍的狼。

突然，一道寒光从她的眼里闪过，我赶紧避到一边。赵超完全没有了刚才的眉飞色舞，瑟瑟地、呆呆地站在那儿，似乎已经被吓傻了，傻得都忘记逃跑了。孙娴往前走一步，他就向后退一步。近了，近了，已近在咫尺了，孙娴一伸手就能抓到他了……

就在这千钧一发的时候，赵超醒了。他身子一扭，向楼下逃去。也许是孙娴追得太紧的缘故吧，赵超慌不择路，竟然一头扎进了厕所里。

在臭气熏天的男厕所里，赵超的神情反而放松了许多。因为孙娴到了厕所门口就不敢再追了，他暂时躲过了一劫。可孙娴并不善罢甘休，她死死地守在门口，那神情仿佛在说："你不出来我坚决不走！"

哎，赵超！逃得了一时，逃不过一世，你总不能在厕所里过一辈子吧！

（杨明明）

5月14日　星期二
自寻死路

"李明哲——"

杨明明快步走上前，一把拉住我，压低声音说："你敢不敢把孙娴推进男厕所里？"他紧盯着前面的孙娴，咬牙切齿地说着，连瞳孔也收缩了起来，那架势像是遇到了杀父仇人，恨不得一口把她吞下去。

听了这句话，我的第一反应就是：杨明明的脑子有问题。记得上次，赵超只不过用了一个在我看来很是恰当的比方，就被孙娴追得满校园跑，最后还是闪进了厕所才逃过了一劫。要是我把孙娴推进男厕所，就是一个铁人也会给她砸扁的。我可是个聪明人，这种就算成功也会被揍的事傻瓜才会去干呢！所以，我当即严词拒绝。

"哦……"杨明明的眼神黯淡了许多，头也垂了下去。过了一会儿，他眼睛里又放出了光芒，自言自语地说："那我自己上吧！"我伸出手，想阻止他，可已来不及了。杨明明就像一枚火箭呼啸着向孙娴飞奔而去，使出一招"排山倒海"，直击孙娴……

杨明明得手了！孙娴的脸早已经成了一个红柿子，害羞、愤怒的情绪布满了她的脸庞。她将五指变成了五爪，向杨明明猛扑过来，而杨明明还沉浸在兴奋之中，竟然忘记了躲避……

杨明明啊，明年的今天我会给你烧纸钱的！

（李明哲）

5月15日　星期三
就让着他点吧

"哗——"

数学自习课上，我正专心致志地做着习题，突然赵超那有我两倍粗的胳膊用力把我挤到了一边，笔在本子上划了一道长长的横线。

我望着巴掌大的"地盘",拳头一点点地攥紧,眉头一点点皱紧,怒火一点点上升,我推推赵超,气急败坏地说:"喂,大哥,朝那边去点儿,我挤死了!"

"我不也很挤嘛,将就点吧!谁让咱们学习条件艰苦呢!"赵超头也不抬,懒懒散散地把我给"打发"了。

"喂,你稍微让一点吧!"我恼怒地跺着脚,比画着说:"看看,整个桌子的四分之三都被你占领了,要不是我身材苗条,早就给挤成肉饼了。"

赵超这才悠悠抬起了头,面无表情地看着我,然后又看了看桌子,鼻腔里不屑地"哼"了一声:"切,你也太夸张了吧,我只不过超过了一点点!"他整个脸都皱起来了,活像"老松林"的大汤包。

"哪有你这样欺负人的!"我气呼呼地把笔往桌子上一甩,狠狠地白他一眼,"一个铮铮铁汉,在光天化日之下欺负一个弱不禁风的小女子,成何体统?"

"喂,大姐——"他没好气地瞪了我一眼,"明明知道我比杨贵妃还丰满,干吗还挤我,瘦子就应该关照一点胖子嘛!"

"你……"我气鼓鼓地望着他,脑子里那些争辩的话语竟忘得一干二净。再看看他,地盘虽然大,可终究容纳不了他浑身的肥肉。他拼命地缩成了一团,已经宛如一只蜷着的小猪了。

哎,这可怜的孩子,就让着他点儿吧!

(孙娴)

5月16日 星期四
糟糕的早晨

这是一个糟糕的早晨!

穿戴、洗漱、吃早饭——一系列的规定动作完成后,我迈着轻快的脚步向汽车走去。哥哥也要去镇上,于是我们俩一路欢声笑语,

不知不觉就到了学校门口的停车场。

就在爸爸踩下刹车的那一刻,我的心突然惴惴不安起来:是的,我没有

看见书包。于是，我赶紧问爸爸："爸，我的书包你拿了吗？"

"没有啊！"爸爸回过头来，脸色都变了。我连忙把头转向哥哥，没等我开口，他就连连摇头："我也没有！"

恐惧就像寒流一样迅速遍布了我的全身，不但是我，连车内的空气也好像结冰了。哥哥最先缓了过来，说："看看后备厢！"

我连忙下车打开后备厢，里面空荡荡的。那灰色的垫子好像在指责我似的，也摆出一张冷冰冰的脸。

爸爸一句话也没有说，调转车头立即返航。回家的路上，谁也不说话，过了好久爸爸才打破了沉默："今天你8点能到学校就不错了！"话语中满是一个爸爸该有的气势和威严。我偷偷地瞄了一下仪表盘上的数字——7：40！天啊，这会儿该早读了，可我还在回家的路上！

当我再次来到学校时，大门口早已"荒无人烟"，好像从来不曾有人来过似的。赶到教室时，单词已经默写到了最后一个！

哎，多么糟糕的早晨！

（高义飞）

5月17日　星期五
厕所"蒙难记"

打开卫生间的门，就看见高义飞正在拼命地扭着厕所的门把手。见我出来了，他三步并做两步走了过来，气呼呼地说："这个死查永健，竟然把我们反锁在厕所里了，我出去一定让他粉身碎骨！"

我有些不信，但还是跑到门前，脚顶着门，手握紧把手，使劲地往后拉——果然拉不动！我的心一下子凉了，一屁股坐在地上。

突然，高义飞跳了起来，兴奋地说："我怎么没想到呢？我们可以从窗户跳下去！"我也连忙站起来，探出头向下望了望，随即失望地说："不行，这里是三楼，离地面至少有六七米高，跳下去会骨折的！"

无奈！无奈啊！此时此刻，我们最大的愿望就是有一个人从窗下走过——天啊，果然有人来了，虽然是在隔壁医院的一个老爷爷，但我们还是兴奋地喊起来："爷爷——爷爷——"老爷爷似乎听到我们的叫喊，他停了脚步，向左望望，向右望望，可就是没有向后望——不向后望，他怎么能看到一墙之隔的学校三楼厕所里的两个被囚禁的人呢！哦，老爷爷走了！随着老爷爷远去的身影，我们彻底放弃，不再呼喊了！

此时此刻，同学们应该在上课吧。难道查永健忘记了他的恶作剧吗？我们周围的同学怎么就不知道少了两个人呢？老师难道没有发现他少了两个可爱的学生吗？他们在找我们吗？我和高义飞互相问着这些问题，可惜没有第三个人听到，更没有人能回答我们。

也不知过了多久，一个身穿咖啡色夹克的人向这边走来，我们连忙大声叫喊："叔叔——叔叔——"啊，那个人终于停下了脚步，他好奇地问："你们在厕所里做什么？"听了我们的回答，他连忙说："你们别动，我马上去找人来开门！"

出来了！终于出来了！我和高义飞激动得又喊又叫，又搂又抱。

（刘国豪）

5月18日　星期六
轮　回

每当我看到这条粉红色的手链，便会想起上周日在钱雨家里做功课的情景。

那一天下午可真愉快，比和另外几个好朋友在一起玩得更开心！

钱雨和我并非"死党"，我们只不过是同病相怜而已——前几天，我们俩考试都无一例外的失利了。她邀我去她家，为的是进一步巩固"外交关系"。

钱雨坐在我旁边，给我讲她过去的事：

"以前我成绩特别出众，每次考试基本上都是第一，就像现在的王郡一样，学习对我来说是一件快乐的事，从没有什么负担。那时，班里每个人都想和我交朋友，还有老师，对我也特别好"

我翻开她的本子，字迹秀丽、工整，和秦臻臻一模一样。

"你的字，真好！"

"在以前的学校，我参加过钢笔字比赛，得了一等奖。"她平静地说着，仿佛在说一件很久很久以前的事，"现在我永远也无法像过去那样出色了，我的成绩退步了——这学期，我一直在退步。"

"我不也一样，最近又考了一次83分。这一切真像个大轮回，好运转走了，厄运就来了。"我叹息着说，往日的辉煌似乎再也不会转来了。

"年年岁岁花相似，岁岁年年人不同。"真想回到过去，回到没有忧伤、没有压力、没有负担的过去。但，这是不可能的。那么，面对堆积如山的作业，我们只要选择坚持，或许有一天会——

柳暗花明又一村。

（张滋）

第十四周　比赛·话别·报词语

> "有时，我不小心考了个八十几分，爸爸妈妈就像天塌下来似的把我大骂一顿，甚至还会来一顿'竹笋炒肉丝'。今天如果我是爸爸妈妈，而爸爸妈妈是我的话，那么，该怎么惩罚他们呢？"
>
> ——王　晔《请爸爸妈妈报词语》

5月19日　星期日
我该不该开门

一大早，妈妈便有事出去了。吃过早饭，我就到书房里去做作业。大约八点钟的时候，楼下传来了一阵脚步声，我以为是妈妈回来了，连忙去开门。可站在防盗门外的不是妈妈，而是一位中年妇女，还有一个和我差不多大的男孩。那个妇女问："你家大人在家吗？"

"不在。"

"我能到你家看看吗？"听到这话，我犹豫了：让她进来吧，我又不认识她；不让她进来吧，又太没礼貌了。算了吧，这人不像是个坏人，就让她进来吧。

"好的，进来吧。"我说。于是，那位妇女领着那个男孩走了进来。他们从厨房走到客厅，从客厅走到卧室，从卧室走到阳台，好像在察看什么似的。我在一旁问："你是要买房子吧？"

"嗯。"那位妇女说道，"我准备买你家楼上的房子，约好今天来看房的，可他家却没有人。"说完，她又跑到厕所看起来。看完后，她又说："谢谢你，我走了。"我连忙说："不用谢。"然后迅速地关上门，倚在门上松了一口气。

妈妈回来后，我把刚才的事告诉了她，她生气地说："我不是对你说过吗？不要给生人开门，最近坏人这么多，要是出了事怎么办？你也上六年级了，怎么这点事都不懂？"

我觉得，今天这件事我没有做错，但妈妈说得也有道理。下次再遇到这种情况，我该不该开门呢？

（王梅）

5月20日　星期一
总复习的第一天

从今天起，在校的日子完全可以不分星期几，因为总复习开始了。每天不是语文课就是数学课，不是数学课就是自然课，不是自然课就是社会课，不是社会课就是英语课，日课表，已经失去了存在的意义。

刚下早读课，老师就捧来了一叠试卷准备考试。于是我赶紧翻开书，想抓紧时间再看几眼，好让跳个不停的心稍微平静一点。谁知，匆匆忙忙地看了几页，不但没有任何收获，反而使清醒的头脑变得杂乱起来。无奈，我只好放下书，趴在桌上，等待着一场"生与死"的考验。

伴随着考试，上午一阵风似的刮走了。吃饭、午睡……很快，下午的"新生活"又开始了。《指导用书》《总复习AB卷》《毕业试题汇编》……书，一本一本地往外拿。填空、判断、选择……题，一道一道地往下做。真的，我忙得连上厕所的时间都没有了，右手大拇指在作业的折腾下早已经直不起"腰"来。可是，我又能怎样做呢？总算盼到了小课下课，我长舒了一口气，收拾好书包准备回家，可"通知"又来了——完成练习册最后两页的计算题，放学前一定要交！于是，我又拔开笔套，继续"革命"起来……送走了数学，又迎来了语文，虽然我很不情愿，但仍强打精神，坐直了身子听老师评讲作文。不知什么时候，窗外飘起了淅淅沥沥的小雨，天似乎暗了许多，老师打开了日光灯，顿时，教室里亮如白昼。

回到家，已经四点五十了。刚拿出作业，饭菜已经端上了桌。狼吞虎咽地吃了几口，伴着五点钟的钟声，我开始了晚上的"劳动"。晚上的日子过得既辛苦又漫长，数学作业中的一道解方程错了，爸爸拿在手中，脸上阴云密布。"这道题为什么会错？"真是个强人所难的家伙，非要我说出错误的原因不可。我稍稍愣了愣，"刷刷刷"，他立刻就出了五道解方程的题目。也许是因为太紧张的缘故吧，我不是把加写成了减，就是抄错了数字；不是忘了约分，就是计算出现错误。这使爸爸极为恼火，他又摊开草稿本出了五道题，可我还是做错了一题。这时，爸爸就像一头暴怒的狮子，冲着我咬牙切齿、大吼大叫，那样子，恨不得要把我一口吞下去！"刷刷刷"，他又出了三道题。我接过来，默默地做着，拿着笔的手不住地颤抖，眼泪不知什么时候已经流了下来，周围静极了，空气仿佛凝固了一般……八点二十分，我终于过关了。

当我开始做语文作业时，手已经不听使唤了，头也似乎变得很重。我一次次地告诉自己：坚持、坚持，一定要坚持……

九点四十五分，我的作业终于全部完成了。啊！总复习的第一天，我挺过去了！

（李路）

5月21日　星期二
挥之不去

我迈着轻快的脚步向讲台走去。

我把本子递给老师，用期待的目光看着他，希望他那严肃的脸上能浮现出赞许的神情，哪怕是点个头也行。我的眼睛紧紧盯着老师那皱得像小山一样的眉头，不知不觉，手心都冒出了冷汗。

不知过了多久，老师终于看好了作业。他抬起头把目光锁定在我的脸上。他的眉头依然紧皱，他的目光依然冰冷，而且还多了几分不信任，似乎站在他身旁的不是我，而是一个三头六臂的妖怪。我心里直发毛，只觉得全身的血液都涌到了脸上——难道我又有什么地方错了吗？我这个马大哈的毛病什么时候才能改掉啊！

不料，从老师的嘴里却吐出了这样几个字——

"是许玉教你的吧？"

凉意从头顶一股脑地倾泻下来，我仿佛来到了一个幽深的山谷，这里很冷很冷，而且看不见一丝阳光。好半天我才缓过神来，可一抬头又遇到了老师那有些得意的目光，好像在说："怎么样，我说对了吧！"我情不自禁地辩解了一句："不是，是我自己想的！"

"喔——"老师冷冷地应了一声，把作业本塞进我怀里，低下头，不再理我了。

我飞快地收拾好书包，逃也似的离开了教室。可老师那不信任的神情、那嘲讽的语气却顽固地盘旋在我脑海里，挥之不去！挥之不去！（周铭）

5月22日　星期三
"话别"

——写给X老师

今天，老师要求我们以"话别——写给XXX"为题写一篇作文。我一下子就想到了他——一位整整欺负了我们一年的老师。

他是个极其自负的人。不管你有多好，总会被他贬得一文不值，就算你是牛津、剑桥、哈佛的高才生，也会被他这个大专生说得不如街上的乞丐。你的作文或许写得很好，但一到他嘴里就变得很差了。在他的眼里，没有一个人比得上他，连爱因斯坦也不例外。

他还是个两面派。在别人面前，他总是面带笑容、轻声细语，装出一副可亲可爱的模样。但面对我们，他就撕下了温柔的面纱，变得凶神恶煞起来。他是我们的天敌，好像我们越痛苦，他就越快乐似的。

他更是个心狠手辣、心胸狭窄的人。他一出娘胎就定下了一条原则：逼人喜欢他！他决不允许任何一个人对他产生叛逆情绪，如果有谁露出一点不喜欢他的苗头，他决不宽容，总是以最快的速度、最大的力度给予他或她以迎头痛击，或当众批评、或写检查、或罚站……他惩罚的手段五花八门，你最怕哪一样，他就会用哪一样！他布置的作业多得要死，每天都要做到十点多，但他决不允许有人说作业多。所以，领导来检查时，大家都统一说："我们的作业不多！不多！"

…………

说了这么多，也许你要问他是谁了吧。为了我的人身安全，现在我还不能告诉你。但我可以给你提供一点线索，他是个准老头，今年41岁，三年前，他就不教我们了。

但愿我永远见不到他！

（姜浩）

5月23日　星期四
广播操比赛

老师做操的水平以差著称，今天他们要进行广播操比赛了，我们怎肯放弃这个一睹"风采"的机会。

放学时，同学们排着整齐的队伍离开了教室，但一走出老师的视线，便纷纷作鸟兽散，四处寻找观看比赛的地点。我和十几个同学来到了二楼的平台上，这个地方进可以看比赛，退可以顺着楼梯迅速开溜——绝对是个偷看的最佳地点。

雄壮的音乐响起来了，广播操比赛终于开始了。小巧玲珑的女老师在校长的注视下，像只乖巧的小鹿，和顺认真，但后排有些男老师依然一副懒懒散散的样子，一点儿比赛的紧张感都没有。如果我是老师，定会怒发冲冠，丢下一句："太不像话了！"

大约不到二十分钟吧，这场令我们心跳不已的比赛就结束了。在校长发奖的同时，我们几个也搞了个即兴颁奖，各奖项获得者如下：

最具搞笑奖：得此奖者当属周老师。个子高挑的他在做跳跃运动时，又极想做好，又担心跳得太高，影响整体形象，所以就努力控制着自己。这样一来，他的动作就显得特别别扭，就像一只奔跑中的长颈鹿，浑身都在扭动着，那感觉，令人喷饭！

最不认真奖：当仁不让的由我们的孙孙（孙老师）获得了！手臂伸不平，脚尖绷不直，表情不刚毅，目光不坚定……这些他批评我们的话，今天在他一个人身上得到了最完美、最充分的体现。一套广播操被他演绎成了一套太极拳，他不得此奖，何人能得？

最严肃奖：要颁给素以品行方正、教书认真著称的钱老师。他的态度严肃认真，动作有板有眼。虽然他有一些动作因为过于认真而显得夸张（如：侧平举双手变成了小鸟的双翼，前弓步几乎是其他人的两倍，等等），但瑕不掩瑜，他的态度是那样的认真，这个奖怎能不给他？

最完美奖：当然非王老师莫属了。整套广播操做下来，她的动作不仅到位，而且非常漂亮。有一节操要摆一个拈弓的造型，只见王老师先来了个左弓步，接着双手一拉，头同时向左一转，顿时，一个活脱脱的巾帼女英雄的形象便展现在了我们面前。这也让我想起了香港电视连续剧《射雕英雄传》片头的画面，简直像极了。

校长的奖颁完了，老师们也三三两两地散开了。我们发现孙老师向我们这边走了过来，于是大家立刻敏捷地四散逃走了。一直到家，我还在想，孙老师一定会像寿镜吾老先生一样，望着空荡荡的平台大喊："人都到哪儿去了！"

（王喆）

5月24日　星期五
抓心的滋味

"丁零零——"下课铃响了，考试结束了！我如释重负地放下了手中的笔，长长地舒了一口气。但我的心马上又提了起来，而且越来越紧张。我迅速地在头脑中回忆了一下刚才的题目，不声不响把脑袋埋在座位下翻看语文书，希望能立即知道自己做的答案正确与否。但很可惜，语文书上能找到的内容寥寥无几，我只好放弃了这个办法。此时的教室里一片"嗡嗡"声，就像有无数只蜜蜂在花间喧闹——同学们有的用劲伸着懒腰，吐着长气，有的正下座位还同学的胶带、橡皮，更多的是团在一起在对答案。于是，我也加入到了对答案的行列。

"选择题第一题选几？"有人提出了这样一个问题，我的心一紧。

"选b！"大家几乎异口同声地说。我的心松了下来。

"第二题呢？"我的心又一紧。

"选a。"我的心又松了下来。

"啊？不对吧，应该选c！"我才松下的心又紧了起来。

…………

就这样，随着大家的交谈，我的心一会儿紧一会儿松，就好像被一只大手不停地搓团着，难受极了。我终于受不了了，挤出了人群，走出了教室。

望着蓝天白云，我的心舒服多了。"希望明天能有个好天气！"我自言自语道。刚说完，忽然看见孙老师急匆匆地向教室走来，于是我的心又高高地悬了起来。

嗨，这抓心的滋味！

（徐羽）

5月25日　星期六
请爸爸妈妈报词语

晚饭后，我请爸爸报词语给我默，为了方便些，我把要默的词语全部用红圈画了出来。

开始报了，第一个词语是"乳汁"，可爸爸却报成了"lǔ zhī"，我一听便道："不对呀，书上没这个词。"于是，我就让爸爸再报一遍，可他还是报成了"lǔ zhī"。不过，这次我猜到了是"乳汁"，就写了下来。第二个词爸爸报得还可以，到了第三个词，他又出了洋相，把"荡涤"报成了"tāng dí"，我忍不住笑出声来，对爸爸说："算了吧，你就用如皋话报吧。"可是，这时爸爸连如皋话也不会说了。接下来的一个词是"灌溉"，他居然把"灌"报成了如皋话，把"溉"报成了普通话，听起来别扭极了，我学都学不起来。我笑得前仰后合，说："你还是下岗让妈妈来报吧！"

妈妈一向认为自己的普通话比爸爸强，所以她不屑一顾地瞥了爸爸一眼，拿起书就报了起来："哀败！"

我听了莫名其妙，问："什么'哀败'呀，是'衰败'吧？"

"好好好，衰败，衰败。"妈妈脸上依旧一副不屑一顾的神色，继续往下报。

过了一会儿，"潸然"的"潸"把她难住了，她问我："什么然？"

我没有看书，怎么知道是"什么然"，于是反问："什么'什么然'啊？"

"就是三点水的那个'什么然'。"妈妈说。

"哎，三点水右边是不是'林'下面一个'月'呀？"我问。

"对！对！"妈妈连连点头。

我这才恍然大悟，原来是"潸然"。

笑话还不止这些，比如说，她还把"栖息"报成了"xī xī"，把"广袤"报成了"guǎng máo"……简直把我的头都搞昏了。

有时，我不小心考了个八十几分，爸爸妈妈就像天塌下来似的把我大骂一顿，甚至还会来一顿"竹笋炒肉丝"。今天如果我是爸爸妈妈，而爸爸妈妈是我的话，那么，该怎么惩罚他们呢？

（王晔）

第十五周　后悔·笑话·家长会

> "在灯下做作业，耳朵却听着楼道中的声音，一有脚步声，我便连忙摆出一副更认真的样子。经过无数次家长会，我已总结出一个规律：家长会后，表现一定要特别特别的乖。"
>
> ——朱春子《令人不安的家长会》

5月26日　星期日
令人不安的家长会

今天晚上开家长会。

不知道他们会说些什么，反正没有好话说。就这样，我忐忑不安地度过了一天。

晚上放学回家，爸爸已经去到学校了。于是，我既盼着他回来，又怕他回来，一个晚上坐立不安。

在灯下做作业，耳朵却听着楼道中的声音，一有脚步声，我便连忙摆出一副更认真的样子。经过无数次家长会，我已总结出一个规律：家长会后，表现一定要特别特别的乖。

终于，我盼来了开门声，说是盼，但心中仍猛地一缩。

但愿，但愿今晚平安无事。

（朱春子）

5月27日　星期一
没听懂

前座的王枚对安Sir一直心存恐惧，因此，有了不懂的问题总是来找我。按理说，帮助同学是应该的，但几次下来，我真被折腾够了——每次总要讲得口干舌燥，可她还是那句话："没听懂！"我毕竟不是讲题机器，我也有自己的事要做啊！

今天刚下数学课，王枚又来"求援"了。我灵机一动——何不让她去问安Sir！也趁机治治她胆小的毛病。于是我试探着问："王枚呀，你怎么不去问安老师呢？毕竟他是老师，讲得比我好！"

"不，不行，我怕！"王枚一边说一边往后躲，好像我要把她往前推似的。

"嗨，你还没去问呢，怕什么？再说，安Sir有那么可怕吗？哪个老师不希望自己的学生多问问题呢？"我努力摆出一副循循善诱的样子，可她拼命摇头，还是那句老话："不行，我怕！"我实在没耐心了，连拉带扯地将她拽离了座位，并狠狠地向前推了一把，她这才挪着小碎步向前走去。她走一走，停一停，停一停，再走一走，好像要和我生离死别似的。我被她逗得直想笑，可是还得装出一副一本正经的样子，不停地挥手"鼓励"她。

王枚总算问完了，我也松了一口气。趁热打铁，我问："怎么样，问懂了吧？"她一边喘气一边说："想不到安Sir这么温柔，可我还是——没听懂！"

（王珺）

5月28日　星期二
对不起

人在情绪激动的时候往往会做出连自己也意想不到的事来，我就是那种常常令自己吓一跳的人。

老师您一定不会忘记，我那篇措辞严厉的批评X老师的日记吧[1]。如果当事人看了，一定会当场晕过去。其实，X老师并没有我说的那样坏，只是有点爱和人过不去罢了。我那次也是把他做的那些事夸大了一点，他的实际为人，还是比较说得过去的。

昨天考试前，我在办公室前遇到了X老师，他很热情地问我最近的学习情况，并祝我能够考个好中学。那会儿，他看起来真是温柔可亲，现在想起来，我还能感觉到温暖。

我不禁想，如果他教我们的时候也像昨天那样的话，我就不会用那么刻薄的话来评价他了，我肯定会把他当成偶像来崇拜，就像崇拜华晨宇一样。

在这儿，我要为那篇日记向X老师说：

对不起！

（姜浩）

5月29日　星期三

无话可说

又是一场数学考试。经过一阵昏天黑地的演算，我终于完工了。环顾四周，我突然发现同座正向我投来求援的目光，我想："这是考试哎，教你，不就是害了你吗？再说最后一题如此简单，我才不教你呢！"于是，我铁了心，把头枕在左手手臂上，背对她，好让她死了这份心。

但同座不肯罢休，在我身后不停地咳嗽着。我无奈地转过身，刚想说她几句，忽然看见她满脸都是痛苦哀求的神色，我的心一下子软了下来。于是，我把算式写在草稿本上，悄悄地向她那儿推了推。算式是：$40 \times (10 \div 2/3) = 600$。在她抄完的一刹那，我又后悔了：我教她确实是害了她——这道题她可能会认为自己已经会了，而不去把它弄懂。如果最后考到类似的题目，她岂不是要吃大亏！

惴惴不安地等到了下课，安老师请最后一题等于600的人举手，一看举手

---

[1] 见5月22日日记《话别》。

的还不到三分之二，安老师生气了，当场就把这道题讲了一遍。安老师不讲，我感觉还挺好的，他这么一讲，我顿时傻了眼。原来我把"1-1/3"，直接写成了"2/3"，而题目中根本就没有2/3这个数，这一题整整五分呢，这下全完了！当我带着一百个抱歉跟同桌说起这件事时，她却笑嘻嘻地说："没关系，没关系，我已经把它改成1-1/3了。"

"什么？你……"我的话还没有说完，同桌又开腔了：

"噢，忘了告诉你，填空题有一题应该得160，但你写的是80。"此时的她脸上没有了一丝愁苦的神色，而是洋溢着鲜花般的笑容，但我早已气得说不出话来——对于这样的人，我还有什么话好说呢？

这次考试我是损兵折将一败涂地，但我相信，下次我还会东山再起。不过，从今天起，我的同桌就别想再从我这儿得到什么了——哪怕是一个字！

（樊叶）

5月30日　星期四
爸爸要远行

爸爸又走了，去了遥远的山西，而且一去就是五个月。虽说我早已习惯了爸爸的频频出差，但他一下子走这么远、这么久还是第一次，所以我心里挺不是滋味的。

早晨，爸爸很早就起床了。他来到我房间，对我说："还不快起来，爸爸就要走了，快起来弹首曲子给我听！"我听了，连忙起床，用最快的速度戴上指甲，调好琴为爸爸弹了起来。

这是一首爸爸最喜欢的曲子，他一边听一边摇头晃脑，手还不停地为我打着拍子。

这多像我第一次参加演出前，爸爸坐在我身旁，陪我练习的情景啊！

曲子还没有弹到一半，爸爸的手机便响了——这是爸爸的同事在催他赶快出发。于是，爸爸拎起行李就走了。琴还在响着，我的泪珠不知什么时候已悄悄地滴落到了琴弦上……

（龚然）

5月31日　星期五
他比曹操更厉害

数学课上，安老师在教室前后游走着，忽然他在我的身边停了下来。

我低下头假装认真做作业，其实正偷偷地望着安老师目光射去的地方——第一大组的最后面。只见"混世天王"小伟头贴在桌子上，双手在抽屉里摸索着，似乎丢了什么重要的东西，又仿佛这么摸呀摸呀一头牛就会被他给摸出来。他丝毫没有察觉到，安老师正盯着他；他丝毫没有感觉到，一颗炸弹已牢牢地捆在他身上。

倒计时开始！"3——2——1——轰！"烈焰弥漫了整个教室。

"小伟，你在摸什么鬼！"安老师大吼一声，这吼声能足以跟当年长板坡上张翼德的那惊天一吼相提并论，使遭受鱼池之灾的我傻了好一阵，那颗脆弱的心脏没规律地跳了好半天。

但那边的"混世天王"可是位久经沙场的老将，比当年的曹操更厉害。他抬起头看了安老师一眼，不慌不忙地说："我在找上次在桌子上发现的一个洞！"

抬头望去，安老师早就被气得满脸煞白。　　　　　　　　（周露）

6月1日　星期六
笑话三则

今天是6月1日，国际儿童节。如果不是周末的话，我们班也许会搞一个联欢，休息半天。但它竟然跟星期六是同一天——多少年才遇到一回的悲惨事件居然让我们给碰上了，同学们无不痛心疾首、哀号不已。昨天晚上，妈妈就给我打预防针："明天别想玩啊，多大的人啊，还过什么儿童节。"其实我根本没想玩，因为根本没有机会也没有时间玩。她这么说，只是为把我牢牢地控制两天找借口而已。但"六一"节总得娱乐一下吧，所以我从记忆的仓库里找到了几个非常好玩的小故事，以此来慰问我在小学的最后一个儿童节。

一、画龙点睛与画蛇添足

我和朱再清都在"小天才"家教写作文。那次，我俩都要改一篇题为《你真棒》的作文。本子发下来后，我把一个句号改成逗号，而朱再清则把一个逗号改为句号，然后便交了上去。

次日，本子又发下来了。打开一看，作文等第从昨天的没有变成了"优*"，我心中大喜："那句号改得多妙啊，真乃画龙点睛之笔也。"朱再清的等第则从"良"降到了"及格"，他长叹一声："那逗号真不该改呀，现在，我知道什么叫画蛇添足了。"

二、幸灾乐祸

语文课，复习的是苏轼的《水调歌头·中秋》。当讲到"何事长向别时圆"时，老师解释说："这是诗人在埋怨月亮，为什么在和亲人分离的时候，它却特别圆……"我问朱再清："为什么呀？"朱再清道："这不简单，月亮幸灾乐祸呗。"

三、奶奶真幸福

放学路上，奶奶又开始了唠叨："你真是身在福中不知福啊，吃的是最好的，穿的是最好的，上的学校是最好的，可学习总是不能让我满意。我小时候的条件多差呀，日子多苦呀，放学回家根本没有时间做作业，得先挑一篮子草回来……"

"挑一篮子草干什么呀？"我问。

"喂猪呗！你老爷爷说，家里的两头大肥猪都归我管。"

"奶奶，你真幸福啊，老爷爷竟然让你养两头大肥猪做宠物，我羡慕死了！"

奶奶停下了脚步，满脸愕然。

（麦康）

第十六周　生日·信箱·看黑板

"因为老师们发现，进了六年级后，班上的同学个个都退化成了超级大笨蛋。同样的题目不练上成百上千遍，就不会做了，而要解决这个问题唯一的办法只有——做，翻来覆去地做！"

——张孜孜《讨厌的默写》

6月2日　星期日
"魔高一尺，道高一丈"

"吱——"

我不耐烦了，与其在这儿呆想这道永远也想不出来的奥数题，还不如干自己喜欢干的事情。椅子"见"我猛地站了起来，便跟着跟跟跄跄地向后"退"了几步，发出了一声尖叫。

妈妈像狗仔队似的，听到一点风吹草动，便会马上跑来"凑热闹"。这不，她又来了："干什么呢？"她瞪大眼睛，装出一副好奇的样子。

"没什么，就是……想去上厕所。"我随便找了个借口，努力装出一副若无其事的样子。

"把要背的，要读的都带去，好节省时间。"妈妈终于露出了真正面目。

她道高一尺，我魔高一丈。她不是让我把"要读的""要背的"都拿去吗？我就都拿去。我先拿起一本语文书、一本英语笔记本，然后让她先走，我在后面磨蹭。就在妈妈转过头的一瞬间，我以迅雷不及掩耳之势拿起《流浪地球》，夹在两本书中间，昂首阔步地向厕所走去。

坐在马桶上看书的感觉真爽啊！没有妈妈利剑似的目光，没有妈妈喋喋不休的唠叨，不用画好词好句，不用摘抄背诵……我一页又一页地看着，忘记了妈妈，忘记了时间，忘记了一切！突然一声惊雷在耳边炸响："你在干什么？"

抬头一看，不知什么时候，妈妈已如夜叉一般站在我面前……　　（方俊）

6月3日　星期一
讨厌的默写

讨厌！又要默写！大伙怨声载道，无可奈何地拿出了默写本。六年级默写的次数多得简直无法计算，词语、成语、课文、读读背背……一样接着一样，循环往复，往复循环，似乎永远也没有完结的时候。

"第一个……"老师的声音从上面传来，众人唉声叹气。这些词都不知默了多少遍了，老得几乎嚼不动了，可老师仍乐此不疲。因为老师们发现，进了六年级后，班上的同学个个都退化成了超级大笨蛋。同样的题目不练上成百上千遍，就不会做了，而要解决这个问题唯一的方法只有——做，翻来覆去地做！

词语总算默完了，数一数，天哪！一共四十九个！这次又破纪录了！当大家正伸着懒腰，准备放松放松时，老师又转过身子，在黑板上"吱呀吱呀"地写了起来："根据要求默写课文。1、默写《烟台的海》一文中描写冬天涌浪的句子……"顿时，全班发出了一阵叹息——又是默课文！

这一册书上的课文，毫不夸张地讲，没有一篇是好的，不是恶心死了，就是平淡极了。比方说那篇《我们爱你啊，中国》，整个一旅游景点目录，这种诗谁不会写，买本旅游手册，随便选上几句，再安上一个"我们爱你——"不就万事大吉了？还有……反正多着呢！但老师不管我们喜欢不喜欢，不管默了有没有用，总是叫我们一遍又一遍地默，而且不准错一个标点、一个字！

老师在黑板上足足写了有十分钟，数量令人"叹为观止"，同学们先是苦笑，然后埋头——写去也！

（张孜孜）

6月4日　星期二

生在六月

今天是什么日子？

也许你会说，今天是星期二，是总复习的第十六天，又或者是其他什么。但我要说的是，今天是我十三岁的生日。

今年的生日太没劲了！早晨还没睡醒就被闹钟赶下了床，晕晕乎乎地洗脸漱口吃早饭，背上书包时一看手表，已经快要迟到了，于是赶紧向学校狂奔。

到了学校，就像上了流水线，读书、做题、默写、考试、订正……一刻也停不下来。现在，学校根本不需要课表，每天除了数学课就是语文课，中间穿插的不是音乐课、体育课，而是英语课、英语课、英语课。

每天我们早早到校，晚晚放学，但放学并不意味着轻松，因为书包里还有一大堆作业等着回家完成呢！一刻不停地算呀写呀，十点半，眼睛睁不开了，作业也结束了，当然，我的生日也过完了。除了匆匆忙忙地吃了几口蛋糕，我实在找不到半点过生日的感觉。

有时，我真有点怨妈妈，为什么让我生在六月——这个离大考仅剩十几天的紧要关头。今年的生日已经这样了，几年后中考前的生日，再几年后高考前的生日又会怎样过呢？我真不敢想！

等以后我做了妈妈，一定不会让我的孩子生在六月。

（陈梦）

6月5日　星期三

"把嘴闭上"

"好，下面布置作业。"

英语老师絮絮叨叨的"演讲"终于结束了，她拿起一本英语书，来回翻动着，好像在书中搜索今天的作业。我立刻拿起了笔，随时准备记录。

可今天的作业好像在跟老师捉迷藏似的，总是不愿出来。也许是因为久久没有动静的缘故吧，同学们窃窃私语起来。

一开始，这声音如"嗡嗡"的蜜蜂，似"嘤嘤"的苍蝇，又好像是从地底下发出来的，混沌而模糊，老师并没有在意。见老师没说什么，大家的胆子越来越大，由偷偷摸摸变成了明目张胆，由捏着喉咙变成了放开嗓子。说话的声音越来越响了，似飞瀑落入深涧，如惊涛拍打岸滩，整个教室成了一个火热的大油锅。老师可能是被一滴飞出的油溅到了，一下子清醒过来，她大吼一声："把嘴闭上！"像录音机断了电似的，教室里一下子安静下来。

我忽然一惊——老师开始报短语翻译题了！于是，飞快地在英语本上写了起来：1. 把嘴闭上。当我写完时，看见同桌史洋的本子上还是一片空白，便提醒她说："老师报词组翻译了，快记啊，再不记就来不及了！"史洋扭过头看了看我的本子，愣了一下，接着"咯咯"地笑了起来："老师让……让我们……不要说话，才叫我们……把嘴闭上的……哈哈！"

我的脸一下子变得滚烫！

（姚驰研）

6月6日　星期四
见缝插针看黑板

前面同学的脑袋像是一座座连绵起伏的山峦，再加上他们的身体一刻不停地左右摇摆着，使我上课时不得不左冲右突、见缝插针地寻找缝隙，才能看到那大大的黑板。

石钰的头——高；薛天驹的头——大；他们两个人的头合起来就是两个字——高大。我想向两边看，受到了"薛大头"的阻拦；我努力挺直腰板，想让目光越过石钰的头顶，可就算脖子伸得像天鹅一样长，也只能看到一点点，而且这时后座的陈佳奇一定会抱怨："大妈，你头昂这么高，我怎么看？又要让我站啊？"没办法，我只好学习青草，哪里有缝隙就生长在哪里，在薛天驹和石钰之间寻找变化不停的缝隙。

不能不说的还有吴爱金的头。尽管吴爱金个子不高、头也不大，可他上课时却总喜欢半蹲着或者直接站着。有时，我好不容易在薛天驹和石钰之间找到了缝隙，可他忽然插上了一杠，结果可想而知！

上课时，其他同学为作业而忙碌，而我却常常为看黑板而忙碌。真羡慕陈佳奇可以毫不费劲地就看到黑板（他在最后一排，实在看不见可以站起来看），于是我也效仿。可是我不能全站，膝盖得微微弯着，时间一长，双腿酸痛不已，就像有千万只小蚂蚁在啃食一般。

我常常幻想，我们班不是五十六个人，而是三十六个人；我们教室的地面不是平的，而是像剧院一样一级一级的，那样，我就不用受这份罪了。

（万楚凡）

6月7日　星期五
99分随想曲[①]

试卷发下来了，99分，全班第一！我心里高兴极了，不由得浮想联翩起来：

老师会怎样看我呢？他会想：李秋这孩子还蛮稳的，这几次考试都不错，如果能保持下去，海人中学肯定没问题！我望了望老师，想着那段"评价"，偷偷地笑了。

放学的路上，我会和同伴以什么作为开场白呢？是纪念册风波？是TFBOY？还是……还是考试的分数？那时，假如我津津乐道，眉飞色舞，同学们一定会认为我骄傲；如果我一言不发，默默地走，也许，也许会好些。对，就这么办——不说话。

那么，回到家，爸爸妈妈会……他们会笑盈盈地迎接我，为我准备丰盛的晚饭。饭后，再搂着我，夸奖我。当然，他们也有可能先看我的试卷，帮我弄清错误的原因，然后再"训"我一顿，把"不认真""不细心"等"帽子"统统给我扣上。

[①] 本文由季冬梅老师提供。

星期六，遇见熟人，他们问我考了多少，我应该怎样回答呢？是咧开嘴笑着回答，还是平静地说："99分。"对，应该选后者，那样，他们大概就不会误会了吧。

"丁零零……"一阵清脆的铃声把我惊醒了，啊，原来是放学了！我背起装着试卷的书包，和同学们一起踏上了回家的路。一路上，同伴们像一群小鸟叽叽喳喳地说个不停，而我却一声不吭，你知道这是为什么？　　　　（李秋）

6月8日　星期六
信　箱

录取通知书可是一件要命的东西。中午，妈妈给我买了一把小锁，金晃晃的，几把钥匙发出叮叮当当的响声，让人有一种安全的感觉。

妈妈说："这把锁装在信箱上，这样，录取通知书就安全了。"我点了点头。

下午，我带着这把小锁来到信箱前。信箱很脏、很旧，拉开小门，里面竟飘出了一种潮湿的霉味儿，角落里还有几只蜘蛛在不停地忙碌着。

我掏出抹布，把它里里外外地擦了又擦，一会儿，绿绿的信箱又恢复了往日的神气。我郑重地挂上了那把沉甸甸的锁，"喀嚓"一声，锁锁上了。我把钥匙紧紧地捏在手心里。

午后的阳光下，肩负重任的信箱和锁折射出耀眼的光……　　（王喆）

第十七周　忙乱·水痘·"植物人"

> "这个星期王兴都没有来,我虽说舒服,可心里却觉得空荡荡的,好像少了点儿什么——也许少的就是所谓同桌之间的友谊吧!"
>
> ——龚　敏《在王兴得水痘的日子里》

6月9日　星期日
就让他们陪我吧

补完课回家,我习惯性地喊了声:"我回来了!"声音在空旷的屋子里回荡着,却没人回答,低头一看,爸爸妈妈的皮鞋果然都不在。

换了鞋,走进书房,我又一头扑向了作业……

"丁零零——"电话响了,我踉踉跄跄地跑到电话前,抓起话筒,耳边传来了妈妈的声音:"菲菲呀,我今天在外面吃晚饭,不回家了,你爸回来了吗?"

虽然早已预料到结果,但心还是沉入了谷底,我平静地说:"爸爸没回来,我饿死了!"

妈妈叹了口气说:"那你就泡碗方便面吧。乖,吃完了快写作业!"

千篇一律的话再次在耳边响起,我懒懒地说了声"再见",扔下了话筒——尽管没抱什么希望,可还是忍不住失望了!不知从什么时候起,爸爸妈妈回来的时间越来越少了,如果不是我的存在,这里可能就只是他们睡觉的地方了。

我找出一袋方便面,熟练地煮了起来。我敢说,我煮方便面的技术已经达到了炉火纯青的境界,全校没有一个人比得上我,因为,我一周至少要煮四次。

方便面辛辣的味道刺激着我，喉咙生疼生疼的，眼睛也有些发涩，本以为自己会哭，可一点眼泪也流不出来。我回头望了望黑洞洞的屋子，此时，它就像坟墓一样安静，连冰箱轻轻的"嗡嗡"声和我并不明显的呼吸也听得清清楚楚。

我无聊地穿行在每一个房间，都是清一色的黑。我突然害怕起来，把家里大大小小所有的灯包括浴霸都打开了。黑暗被赶走了，空旷却挥之不去。我软软地躺在沙发上，打开了电视——电视里的人也是人，就让他们陪我吧！

（万凡）

6月10日　星期一

百口难辩

"冒一轩，别说话！"

安老师的话像一声惊雷把我炸醒。我的大脑短路了五秒后，又恢复了正常工作："什么！我说话！刚才我连口都没张，怎么说话？"

我抬起头，不解地望着安老师。安老师见我还瞪着他，眼里的圈圈涟漪一下子变成了汹涌澎湃的大海，又一次发出雷鸣："坐好了，听见没有？"

我的脸热乎乎的，似有一股气从鼻尖绽开，一直蔓延到耳根。几位同学扭头将目光向我投来，那目光仿佛有穿透力，看得我浑身冒出了冷汗；又好像有磁力，将我牢牢地定在那儿了，丝毫动弹不得。我尴尬地坐在座位上，不由自主地埋下了头。

"冒一轩，请你回答第四题。"安老师嗓门抬高了八度。

我一个激灵站了起来，"这道题……"我一下子愣住了，怎么做呢？

"还不服气呢？"老师话音未落，我一下子得出了答案，飞快地说了出来。回答完毕，我如释重负地坐了下来，滚烫的脸也舒服了许多，心中窃喜："这下您拿我没办法了吧！"

就在我得意扬扬时，安老师的一席话又使我的脸变成了猴腚："错了！"

"啊？"我一下子傻了眼，慌忙检查了一下，呀！忘了除以三了！

哎，这回我纵是有千百张嘴，也说不清了！　　　　　　　　（冒一轩）

6月11日　星期二
苦

水痘、水痘，还是水痘！这两天我们班"流行"出水痘：先是王兴，然后是张鼎，接着是宋涛，一个接着一个。水痘好像看中了我们班，要在我们班落地、生根、开花、结果似的。

这可把我害苦了！妈妈一听说这个消息，立刻叫爸爸去医院买回了一种叫"板蓝根"的药，让我吃了预防水痘。

深褐色的药汤上浮着一层白色的泡沫，整个房间里都弥漫着一股说不出的味道。我一手捏着鼻子，一手拿着杯子，"咕嘟咕嘟"地一口气喝了个底儿朝天。

苦！苦！苦！　　　　　　　　　　　　　　　　　　　　（吴婕）

6月12日　星期三
"难道你是个植物人"

今天，模拟考试的成绩出来了，我又没能突破280分，这是去年的录取分数线。

拿着试卷，忐忑不安地回到家时，爸爸妈妈还没有回来，顿时，我感到一阵轻松——耳根总算可以清净一会儿了。但一想到他们回来后的情景，我的心里又立刻像揣了只兔子似的狂跳起来，人也越来越焦躁不安。一开始，我咬着牙，用力拍打桌子，可打了几下，气一点没见消，手却火辣辣地疼了起来。哎，考得不好可不能归咎于手啊！于是，我又拿来一本本子，用尽全力在上面又涂又画，直到把本子画得"粉骨碎身"，又一下子把这些发泄对象全推到了地上，才觉得舒服了一点。

　　喝了一口水，不经意地瞥了一下钟，不好，十一点二十分了，完了，完了，他们快回来了。我一下子慌了起来，手忙脚乱地为自己作的"孽"收拾残局。发泄容易收拾难，好不容易把地上的纸一片一片地捡完了，大气还没有出一口，爸爸妈妈就一起进了屋，并异口同声地问："有没有发试卷，考了多少？"我支支吾吾地说："不好，只……只考了……279.5。"

　　"哼哼……"妈妈冷笑了一声，我不看也知道，这时她脸上一定是那种最让人心寒的皮笑肉不笑。"还有几天就大考了，你准备怎么办，不想上海人中学了吗？"没等妈妈开口，爸爸已按捺不住怒火，大声嚷了起来，"考试前的几天你必须做完所有的资料，晚上我什么时候睡你也什么时候睡……"

　　"小小的挫折等于激励，何必……"天哪，我怎么说出了这句话，这不是帮在一旁蓄势待发的妈妈找了个话题吗？果然，火山喷发了，"什么，你怎么好意思说的？你怎么回回'激励'自己，回回都不见效啊？难道你是个植物人啊……"

　　哎，我真想抽自己一个耳光！

（范业）

6月13日　星期四
手忙脚乱

　　"唰唰唰——"

　　台上，孙老师手捏一支粉笔，在黑板上"疯狂"地舞动着；台下，同学们紧攥钢笔，在本子上飞快地抄写着。大家的神经都绷得紧紧的，因为只要一走神就会慢一个节拍，只要慢一个节拍就会迟交，只要迟交就会被老师找去谈话。为了躲避这连锁反应，我们不敢有半点懈怠。

　　可就在这节骨眼上，安老师却大声喊道："薛添驹，去办公室把数学家作本捧来！"我一惊，笔在本子上划了一条长长的横线。虽然心里有一千个、一万个不愿意，但"圣命难违"，我顾不上擦掉那道横线，放下钢笔，飞也似的冲出了教室。

以往捧本子，我总是慢悠悠的，可今天却像被一团火追着屁股烧似的疾速狂奔着。此时，时间就是金钱，不，是钻石！不，比钻石还要昂贵！我捧来本子回到座位，才拿起笔，英语老师就进来了，她冷冷地宣布："五分钟之后默写英语课文！"我顾不上那么多了，胡乱地拿出默写本，往桌子上一摊，就又飞速地写起了语文笔记。

英语默写开始了，可我的铅笔却没铅了。一摸笔袋，居然没带铅！没办法，我只好低三下四地向别人借。铅还没借到，默写已经开始了。算了，就用钢笔吧。我一咬牙，抽出钢笔，可手忙脚乱的我第一个单词就写错了。看着别人已经写了七八个，我心急如焚，也不用胶带撕了，"嚓嚓"两道横杠解决了问题。

时间到了，小组长下来收了，我也刚刚默好。本想舒服一下，可猛然发现名字没有写——这可是大事。如果被老师当着全班同学的面封为"无名英雄"，我岂不是要羞死！我拔开笔套，甩在一边，飞快地写了起来。我越写越生气：凭什么我姓"薛"？同桌"丁丰文"三个字加起来的笔画还没我的姓多呢！我什么不叫"丁一"呢？叫"丁一"写起来多方便呀！

龙飞凤舞地写好名字交给组长，组长却愣住了："你什么时候改名了？"

我接过默写纸一看，天那，我竟然把自己的名字写成了"薛丁一"——又是一阵手忙脚乱！

"丁零零——"放学铃响了。哎，笔记还没完成呢！　　　　（薛添驹）

6月14日　星期五

在王兴得水痘的日子里

6月10日　星期一

今天早上，王兴带着满脸满脖子的红豆豆来到了教室里，同学们都说他得了水痘，不仅不和他讲话，而且还和他离得远远的。作为他的同桌，我是逃也没处逃，躲也没处躲——没有谁比我更最不幸了！我本想不跟他说话，不借东西给他，但转念一想，他一个人孤孤单单怪可怜的，如果我都不碰他、不理他，那还有谁碰他、理他呢？于是，我又像往常一样和他说说笑笑起来。

6月11日　星期二

王兴真的得了水痘，从昨天下午起就没有来。这下我可舒服了——不用守"三八线"的规矩，上课也没有人烦我，一个人就占了一整张桌子，真是舒服极了！可童齐这家伙却说我在守寡。无聊！莫名其妙！

6月14日　星期五

这个星期王兴都没有来，我虽说舒服，可心里却觉得空荡荡的，好像少了点儿什么——也许少的就是所谓同桌之间的友谊吧！ 　　（龚敏）

6月15日　星期六
天神和女奴

补习班的课终于结束了，跟好友告别后，我迈着沉重的步子走在回家的路上。我尽量放慢速度，尽量拖延回家的时间，哪怕拖延一分钟、一秒钟也好。但一想起爸爸那张阴暗的脸，我又加快了速度。背上的书包跟我作对似的，变得越来越重，就像一座大山压得我喘不过气来。

打开门，书包还没放下，妈妈就从厨房探出头来，用像白开水一样的声音问："静静，英语默写错了几个？"

我不想回答，拿出本子递给了她。妈妈打开本子，随即传来一声惊叫："十个叉叉，你到底是不是我亲生的？算了，每个单词再抄十遍，等会儿重新默写……"

一百个单词，全是课外的，错十个有什么大惊小怪呢！但我不想辩解，妈妈此刻就像锅里的油一样，我一辩解她就会从锅里跳出来把我烫伤，我能做的只有服从、服从、服从！

　　手指还在隐隐作痛，但我依然忍痛埋头苦干。而此时弟弟却躺在沙发上看电视吃零食。弟弟有"爱神"护佑，无论他说什么、做什么都会得到爸爸妈妈不要命的表扬。有一次他画太阳，用黄、橙、红三种颜色一层一层地往纸上拼了命地涂，画纸都被他涂得起毛了。如果他不说是太阳，十个人看见了一定会有十一个人说他画的是个"烂柿子"。可就是这样的"烂柿子"，妈妈还喜欢得不得了，夸弟弟有一双凡·高的眼睛，还把"烂柿子"压在餐桌的玻璃下，害得我吃饭时都没有了胃口。

　　而我呢，只有"倒霉神"伴随。我说的每一句话，做的每一件事，甚至一个动作、一个表情都会被爸爸妈妈挑刺。弟弟和我虽然生活在同一个家庭，但我总感觉他在鸟语花香的春天，我在风刀霜剑的冬天；他在天堂当大神，我在地狱做女奴。

（白静）

第十八周　难眠·等待·为什么

> "过了好久，钱澄才拿起书，说了声'我走了'。我想挽留，但不知为什么，又止住了自己，只是看着她打开门走了出去。
>
> "'再见。'过了一会儿，我还是追了出去，说，'祝你考个好成绩！'"
>
> ——张孜孜《祝你考个好成绩》

6月16日　星期日

美丽的颜色

写了一天的作业。傍晚，妈妈让我到阳台上歇歇。

放眼望去，天边的晚霞很美，很灿烂。特别是西南的一角，竟是清一色的橘黄色，很像我爱喝的橙味饮料，也许是天使们喝饮料时不小心泼洒在那儿的吧！

静静地看着、看着，那片被浸湿的角落范围越来越大，颜色越来越纯。这时，妈妈走了过来，递给我一杯好喝的"芬达"，举起来一比较，两种在流动、在蔓延的美丽的橘色似乎要融合在一起。

此时，我的心情也像那美丽的颜色一样，欢快、轻松！　　　　（王喆）

6月17日　星期一
强装笑颜

今天是最后一次模拟考试。下午数学一考完，我就发现，我错了一条会做的应用题，心中郁闷不已。晚上，舅舅不知为什么事在饭店请客，客人很多，为了不破坏气氛，我就没有跟家里人说"我做错了一道应用题。"

席间，大人们都有说有笑的，我也装出一副笑眯眯的样子——其实我什么也没听到。舅舅来敬酒时，大家让他讲一个笑话，他才说了几个字，我就迫不及待地哈哈大笑起来，惹得许多人都朝我看。

为了不让爸爸妈妈发觉我考得差，我吃得也很多，食量几乎达到了平时的四倍！坐在一边的妈妈叫我少吃一点，我听了，立刻说："今天模拟考试我考得好极了，所以心情不错，食欲自然就大增了！"为了证明我所言不虚，我一边说一边又夹了一大块鱼肉。

正当我为自己逼真的表演沾沾自喜的时候，妈妈沉下了脸，说："你怎么知道你今天就一定考得好？即使你今天考得好又能说明什么，又不是最后的考试，你这么激动干什么？！"

我再也笑不起来了，恨不得把头埋到桌子底下。　　　　（李昂）

6月18日　星期二
将来我也去隐居

明天，小学的最后一次考试就要来临了。上午老师评讲了昨天的模拟考卷，下午放假半天。老师说，让我们调整一下，以最好的状态迎接最后的考试。

六年来的第一次，爸爸妈妈不允许我做作业。午睡之后，爸爸忽发奇想带我去了趟乡下爷爷家。

一路上的景色美丽极了，那一望无际的稻田绿得尤其惹人喜爱。过去春游时见过小麦，觉得格外漂亮，但今天我才知道小麦根本算不了什么。那稻田就像一块极大极大的地毯，中间是极动人的嫩绿，边上是逼人眼睛的深绿，当然从近到远都夹杂着淡淡的鹅黄，真让人赏心悦目。如果有钱，我一定要定做一条与这一模一样的地毯，让我时时都有好心情，哪怕数学只得六十分！

生活在农村真的不坏，有这么棒的景色可以时时看到。怪不得很多名人骚客都要去隐居呢！

将来，我大概也会去隐居吧！

（张滋）

难眠之夜

今天真凉爽，但愿明天也是这样！

下午，我一觉睡了两个小时。起床后，我走上阳台，俯瞰美丽的校园：操场还是那么宽阔，教学楼还是那么雄伟，樟树还是那么苍劲。但明天我就要在那里进行我小学生活中最后一次，也是我人生中第一次最重要的考试了，明天这里将是没有硝烟的战场！

看着、看着，不知怎么的，我的心竟慌了起来，于是连忙走回房间想看一会儿书，但我一点也看不进去，心反而越来越紧张了。"心态要调整好，千万不要紧张。"我警告着自己，把书扔到了一边，又躺到了床上，不知什么时候，我又睡着了。

一觉醒来，精神放松了许多，吃过晚饭，休息了一会儿，我便又准备睡觉了。不知是因为白天睡多了，还是因为心里不安，我躺在床上怎么也睡不着。这时，妈妈来到了我身边，轻轻地给我读我最喜欢的日本儿童小说《中秋的月亮》，听着、听着，我渐渐地进入了梦乡。

（成省）

6月19日　星期三

幸运纸巾

　　天气真好——真是个好兆头！一觉醒来，一切都变得那么美妙。晨风拂面，感觉有些凉凉的，不由自主地打了个喷嚏，妈妈听见了，叫我带包纸巾。我随手抓了一包，往袋子里一塞，便急匆匆地走出了家门。

　　来到学校，本不紧张的我看到同学们一个个不知所措的样子，就好像被传染了似的，也紧张了起来。走进考场，拿到试卷，我竟把校名填到了学号的一栏里。凉风轻轻地吹来，我又打了一个喷嚏，于是我拿出了纸巾，打开一看，纸巾的中央绣着个大大的红双喜——"这是不是老天在暗示我今天能考好呢？"看到那大大的红双喜，从不迷信的我竟开始了无端的猜测："既然老天已经认定我能考好了，那又紧张什么呢？"

　　于是，我像吃了一颗定心丸似的，再也不紧张了。我答题如流水，很快，一张试卷就只剩下了作文——时间也正好在计划之内，用了四十分钟。构思、打早稿、誊写，一切顺顺利利。考试结束前十五分钟，开始检查。最后，我信心百倍地走出了考场。

（宗雨）

简直就像一场梦

（一）

　　升学考试终于在众人期待的目光中走来了。

　　上午的语文和英语，我就不多说了，要说的是下午的数学。

　　不知为什么，在考场的时候，我竟莫名其妙地感到一阵寒意，夏天的风怎会这样凉！大概是太紧张了吧？我拼命地提醒自己——不要紧张！放松！放松！

　　卷子发下来了，我用颤抖的手接过了它。闭上眼睛，静静地祈祷了一会儿，我才开始浏览。题目不是特别多，但就直觉而言题很活，很绕脑子。

遇到这种情况，谁也不能保持考前的镇静，比如说我，手已经开始发冷了。

一题、两题、三题……我小心翼翼地做了起来，侥幸的是，并没有发生卡壳的现象。填空、选择、计算……很顺利地做了下去，当我第二次抬头的时候，惊讶地发现，在不知不觉中，那几道难题竟被我"征服"了。

应用题，一共六道，每道题都有些难度，我隐隐地感到这不是轻而易举就能混过去的，不由捏紧了笔。

第二题是圆锥体积计算题，出现了一个高位数乘法：16.956×750。我仔仔细细地算了又算，终于在八分钟后得到了一个结果：12717，又验算了一次，对了。

依次做下去，直到第六题，这题照例很活。题目是这样说的：甲乙两队合修一条路，修完时甲修了5/11，已知乙修全程要22天，甲每天修15米。问：（1）两队合修，要几天？（2）这条路多长？

思路很快展开了，我已经在脑中列出了式子，但手却仿佛被冻结了一般，竟没有去写。这道题我会做的！这又是为什么？紧张吗？

记得考前安老师曾预测过，最后一题很有可能会考工程与行程相结合的题目，还真的被说中了。"总复习时不知练了多少遍，只是稍稍有一些变动，难吗？一点也不！"我鼓励着自己。"唰唰唰"，我很快列出了式子，算出了结果：12和396。

做完了，我又认认真真地检查起来，每道题我都算了又算，因为，我不能在这里留下遗憾。能否考得上理想的初中，暑假是否过得幸福，全靠这次考试，此刻，我必须抓紧每一分，每一秒！

真的是在不知不觉中，考试结束了。监考老师收走了试卷，考场内一片噪音。

"真的已经结束了吗？简直就像一场梦。"我呆呆地坐在座位上，傻傻地想着。

（张孜孜）

(二)

数学考完了，升学考试的梦也做完了，同学们不甘寂寞，纷纷对起了答案，我的心乱乱的，不知是对还是不对。不对，心里没底；对了，万一发现自己有错误，那岂不是……那首诗写得真好："近乡情更切，不敢问来人。"

考虑再三，我决定还是对一下，免得心里没底。

"喂，最后一题得多少啊？"我问身后的韩瑞。

他毫不犹豫、斩钉截铁地说："12天、396米！对不对！"

我惊喜地嚷道："没错！还有选择题，有一题是成反比例的，对吗？"

"对，就是反比！"

"还有……"我俩又对了几题，一点儿也没有出入。就在这时，田霜跑了过来。

"喂，张闻，最后一题你做起来了吗？难死了！"

"你的结果是——"

"14天，496米。"

"什么？！"我和韩瑞同时惊叫道，"不可能！"

"那你等于多少？"田霜着急地问我。

"12天，396米，不会有错！"韩瑞似乎想尽快证实他的结果是对的，抢在我前面回答道。田霜的脸一下子变白了，喃喃道："这回完了！"

回到休息室，刘文一见到我便着急地问：

"你最后一题做起来没有？我没有做起来！"

我更惊了，嗓门也高了很多："这一题6分哪！而且……"

"你做起来了，怎么会这样？！"刘文的脸阴沉了下来，"这么多人都做起来了，我该怎么办？肯定没戏唱了……"他叹了一口气，人好像一下子蔫了下去。

"喂，你振作点！"我从来还没有见过刘文这个样子呢，所以忍不住安慰道。而身边的田霜呢，早已面如死灰，泪流不止了。综观整个教室，喜亦有，悲亦有，毕竟，这是毕业考试，非同儿戏！

我正想得天翻地覆，刘文变戏法似的从包里拽出了一大堆零食，"原本打算庆祝用的,但现在用不上了!"他给了我一块"魅力"口香糖,刚一进口,一股辣味便弥漫了整个口腔,我几乎被呛出眼泪来。刘文见状,出人意料地笑起来:"不管怎么说,升学考试结束了,的确该庆贺一下!"大家都笑了,相信都怀着同样的心情。

(张闻)

6月20日　星期四
烦人的电话

"丁零零……"又是一个电话,不用接我就知道,又是问我考试情况的。

从考试结束到现在,我不知接了多少个这样的电话,外婆的、舅舅的、姑妈的、表姐的、爸爸妈妈的同事的……一个接着一个。打电话的人不管是大人还是小孩,不管是退休的还是仍在工作的,他们一般都会问这些问题:试卷难不难?作文题目是什么?最后一道应用题有没有做出来?英语听力题跟得上吗?总体感觉怎么样?考海人中学有把握吗?想不想考韶乾中学?……

这一系列的问题问得非常有水平,回答完毕后他们对我的考试情况就完全了解了。一开始,我总是规规矩矩地回答。后来,我实在太烦了,干脆用一句话解决问题:"不知道!"

如果上面的这些问题都不是,那肯定是问:今年海人中学招几个公费班?韶乾中学招多少人?你准备上那所中学?这时,我就会毫不犹豫地回答:"我又不是校长,我怎么知道!"或者说:"听天由命,能上哪所上哪所。"

我知道所有打电话的人都是关心我的人,但也请你们理解我的心情,我现在最不想听的就是你们最想问的,所以我态度差一点,还望多多包涵!

(赵庆)

6月21日　星期五
等待

我有预感，今天就能知道我的分数。下午，这个时刻终于到来了，朋友打来电话说，他已经问到了分数。老爸一听，立刻奔向学校。而我则留在家里"享受"等待的滋味。

等待是漫长的。我的心从接到电话起就开始加速跳动了，比考试时跳得还快。我的脑子也在转个不停，不时跳出一个个连我自己都感到奇怪的想法。这段时间的每一分钟，都是我一秒一秒地数着度过的。

等待是紧张的。我甚至连气都透不过来了。于是，我就用各种各样的方式来发泄——大喊大叫、扔枕头、追着狗满屋子跑……等待让我受尽了煎熬！

终于，等待有了结果——爸爸回来了，查到是295.5分！这个分数让我大大地松了一口气。顿时，刚才的紧张、焦急统统都没有了，头脑里浮现的是旅行、购书、游泳、看电视、玩电脑等"夏日休闲计划"，苦了六年了，是该玩玩了，您说不是吗？

（乔晨晨）

为什么

天放晴了，可我的心依然烟雨蒙蒙！

伤心、失望、叹息在听到分数的一瞬间全部释放了出来，而快乐和笑容则被永远地关锁在冰冷的铁牢里。回首那段每天灯光持续到十点以后的日子，想想那整日里泡在书山题海里的辛苦，灿烂的阳光下，我心如刀割。

为什么我考得这么差？为什么？为什么？我一遍又一遍地问着窗外的天空，可是，回答我的只有我自己的哭泣。

（魏启）

6月22日　星期六

祝你考个好成绩

考试结束了，六（9）班的故事到此也该结束了。今天，我又遇到了几个老面孔，当然了，他们是有的喜、有的忧。最令我难忘的是钱澄的来访。

傍晚，钱澄打电话过来，问我有没有数学书——我一听就明白了，她要去报考韶乾中学！（这所学校比海人中学还厉害，不但要考语文、数学、英语、社会、科学，还要考音乐和美术。）这次升学考试，她得了257分。

"这个……有啊！"我本想说，她这个成绩是不可能考得上韶乾中学的，但没说出口。

钱澄很快就来了，她一脸的落寞，看上去真的像个黑人。我不由想起了王喆写她的一篇作文《女酋长》，现在回忆起来，描写得真是太棒了。

"完了……"她叹着气，"我连给赞助费的分数都够不上，考不取韶乾中学，就只能上五中了！"

"我呢，只考了293分，太差了！"我想的完全是另一回事，"这一回我在老师和同学心中的形象是一落千丈了，真不知道怎样才能挽回！"

"你考得真好，虽然没有平时出色，但总算考上了呀！"钱澄不顾我满脸的惊讶，继续说，"你现在当然只顾自己的形象，可我还得为上学的问题烦心呢！我爸爸说他不可能帮我给赞助费，还说以后干脆就别上了……"她像在对我说，又像在自言自语。我不知道该怎样安慰，只是翻来覆去地说："别这么悲观，没事的！"

过了好久，钱澄才拿起书，说了声"我走了"。我想挽留，但不知为什么，又止住了自己，只是看着她打开门走了出去。

"再见。"过了一会儿，我还是追了出去，说，"祝你考个好成绩！"

（张孜孜）

真的非常感谢你呀，老师

被我们诅咒了一千遍、一万遍的小学生活就这样结束了，简直就像一场梦！

现在回想起来，一切都恍若昨日。这六年的小学生活，虽谈不上"五彩斑斓"，但绝对可以说是"丰富多彩"。其中最令我顺心的便是六年级了，不但学习成绩来了个"突飞猛进"，而且还当上了中队委这个大官，狠狠地"风光"了一回。最不顺心的数三年级，被某位老师欺负了整整一年，还险些被踢出NO.1集团——惨！看看素质报告书上的评语就知道那时我有多倒霉了。下面是我对小学生活的一个……该叫什么好呢？

最佳老师：现任班主任。

执教时间最长的老师：安老师。

最倒霉的一天：2014年6月20日。（被罚站半天。）

最棒的一天：2015年3月8日。（发表第一篇文章。）

最讨厌的老师：就是上文中提到的那位啦！（为了保证我的人身安全，在此不透露他的姓名，但只要有推理能力的人都会猜得到。）

最好的朋友：不确定。

最感动的事：孙老师说："没有人能跟你们比！"听了这句话，六（9）班的所有同学无不感动得稀里哗啦。

最恨的事：被"东方不败"代课老师张老头狂骂："六（9）班最差！"

最高兴的事：我们六（9）班在升学考试中与"一代霸主"六（10）班并列第一名。好开心！六（9）班可从来没有这样扬眉吐气过！

…………

要说的还有很多、很多，在我准备结束这篇日记时，却发现自己最想说的没说。

不管是我，还是六（9）班的其他同学，最应该感谢的人：亲爱的老师。

没错！这句话早该说了——真的非常感谢你们呀，老师！ 　　（翁懿）

下 篇
改变：我的思考与实践

> "教育的过程是教育者与受教育者互相倾听与应答的过程。当这一过程被阻断或处于混乱无序的状态时，师生之间的交往和沟通就将陷入困境，教育的危机也将随之出现。"
>
> ——李政涛《倾听着的教育——论教师对学生的倾听》

当堂检测：请放缓你的脚步

> "我怕考试，更怕教完了就考。每次拿到批阅好的试卷，看到那些大大的叉，以及那红得刺眼的分数时，我总是欲哭无泪。我不知道，为什么我听得那么认真，为什么我耗了那么多的脑细胞，却只得到了这样一个结果。最难堪的是考后给爸爸妈妈签字，一看到那不尽如人意的分数，他们的脸'刷'地一下就变了，我也无话可说，大家一片沉默。"
>
> ——喻志日记《又要考试了》

无论是传统教学，还是当下如雨后春笋般涌现出的各种教学模式，老师们无不把"当堂检测"当作一个法宝，把它摆在一个极其重要的位置上。的确，从应试的角度看，"当堂检测"无疑是必要而且有效的。因为通过"当堂检测"，老师可以了解学生哪些知识已经掌握了，哪些还有些模糊，哪些还完全不懂，继而进行相应的训练，以便让百分之百的学生百分百地掌握——这样，获得一个高分就不成问题了。但是我不禁要问，教学就是训练吗？掌握知识就是一节课的全部目标吗？这节课所教的知识非得这节课全部掌握吗？只要稍微具备一些教育常识的人都知道答案是否定的，可是"当堂检测"给学生带来的巨大的恐慌和沉重的压力就不是所有人都有体会的了。

无论是读小学还是读中学，我都是一个反应不快的学生，我最害怕的就是"当堂检测"。我就像一头牛，当堂学习的东西，需要一段时间的反刍才能慢慢地吸收。所以一听到老师说"请大家完成练习几的第几题，下课前交给组长"之类的话我就特别紧张。因为下课前我一般是完成不了的，而完成不了作业所招来的同学的歧视、老师的批评会让我久久抬不起头来。记得学"九九表"的时候，我口诀记得不熟，每道题都需要用加法计算才能得出答案。因为速度太慢，秘密终于被老师发现了，我先是被狠狠嘲笑了一番，然后被请到办公室去"课课清"——背完口诀再回家。最后，老师还叮嘱，以后做题的时候不许想加法，直接用口诀！工作后读了皮亚杰的有关著作才发现，那时候的我还处在依靠表象思维的阶段，如果说我尊重了发展规律，那老师的行为无异于拔苗助长了。

最恐怖的是读中学的三年！叔父是隔壁班的数学老师，他常常在午饭时对我来个"当堂检测"——他会问我今天学的是什么，然后"口占一题"让我回答。我哪里能回答他的问题。于是，叔父就勃然大怒："这么简单的题目都不会，你是怎么听课的？"然后放下饭碗，大笔一挥，再出几道题对我进行检测，我怎么做得出来呢！可以想象，接着来的除了责备还有更多的题目。叔父三年的"当堂检测"没有练出我中考的数学高分，却让阳光午饭变成了"午夜凶铃"，让我彻底丧失了学习数学的兴趣和愿望，让我明白了我是个无可救药的差生。这三年的生活倍受煎熬，以至于我工作之后它还出现在我的梦中，并且常常令我惊醒。我也常常庆幸叔父只是数学教师，没有对我进行语文、物理、化学、英语等学科的"当堂检测"，否则我真不知道我现在会成为一个怎样的人！

毫无疑问，"当堂检测"指向的是知识体系，强调的是"学会"，达成目标的途径是训练。当学生在"当堂检测"中不能过关时，它又意味着沉重的作业负担和精神负担。虽然我们都知道指向能力体系的"会学"比"学会"更重要，但也不能忽视"学会"在当下教育体制中的重要性。我们必须明白，知识的本质是行动与反思的整合，如果把知识比作鱼的话，它只能用探索的网去捕捞。不给学生接受、思考和探索的时间，不让学生慢慢地体悟、验证和发现，那我们捕捞的也只是一条条死鱼。

我不否认，有部分学生接收得特别快、学得特别轻松，但正如不能要求所有运动员都跟博尔特同时到达终点一样，我们也不能要求所有同学都同时掌握一个知识。一堂课学不会有什么关系，还有一学期呢！一学期学不会有什么关系，还有一年呢！一年学不会有什么关系，还有一生呢！"当堂检测"是很重要，但能不能舒缓一些，柔软一些？能不能给孩子更多的时间、更大的空间？也许孩子们会有一些知识掌握得不太牢靠，但他们收获的却是对知识的热情，对自我成长的信心，对生命的珍视，对生活的乐观态度——这，难道不值吗？

所以，我——一个曾经的"差生"要大声说："当堂检测"，请放缓你的脚步！

提醒廉颇的那个人是谁

> "倾听学生的发言，好比是在和学生玩棒球投球练习，把学生投过来的球准确地接住，投球的学生即便不对你说什么，他的心情也是很愉快的。学生投得很差的球或投偏了的球，如果也能准确地接住的话，学生就会奋起投出更好的球来。"
>
> ——佐藤学《静悄悄的革命》

今天上课讲的是《负荆请罪》，课的最后，小苏高高地举起手问："剧本里廉颇说：'蔺大人，最初我还以为您怕我哩，后来经人提醒，才明白您这样做完全是为我们赵国着想。'我想知道提醒廉颇的那个人是谁？《史记》中有没有记载？"

真是个绝好的问题，我心里不由一阵惊喜，说："那个人是谁，《史记》里没有记载，大家觉得，提醒廉颇的那个人可能是谁呢？"

孩子们对这个问题也很感兴趣，有的说可能是廉颇的门客，因为只有他的门客才有机会跟廉颇说到话；有的说可能是廉颇的好朋友，因为好朋友之间常常会相互提醒；有的说可能是廉颇的同事或者助手，廉颇很信任他，所以他才会提醒廉颇。

我说："大家的猜想都有道理。你们觉得这是一个怎样的门客、朋友或者同事呢？"

小苏第一个举手，他说："那个人如果是廉颇的门客，也是比韩勃（剧本中蔺相如的门客）高出一大截的一位门客。蔺相如一再避让廉颇，韩勃不但不思考其中的原因，反而鼓动蔺相如跟廉颇斗，好在蔺相如深明大义，否则后果真的难以想象。而这位门客不但没有鼓动廉颇继续挑衅蔺相如，反而跟他讲道理，我觉得他非常了不起。同样是门客，差距怎么就这么大呢！"

"因为他们一个想的是个人利益，一个想的是国家利益。"我说，"但我认为韩勃也不错，蔺相如一解释他就懂了，而且还赞扬他做得好，说明他也是个以国家利益为重的人，只不过目光短浅了一些。"

夏志娴第二个发表意见，她说："如果那个人是廉颇的朋友，那他一定是一个真正的朋友，真正的朋友应该做的就是要指出朋友的缺点，帮助朋友不断进步。"

颇有些少年老成的小洪举手发表他的意见，他说："如果那个人是廉颇的同事，他也一定是个好同事。我爸爸说，现在许多当下级的不但会看上级的眼色行事，还会钻到上级的肚子里，猜测上级的心事，按照他们的心事行事。这个人明明知道廉颇嫉妒蔺相如，但他并没有煽风点火，让廉颇去整蔺相如，而是冒着风险劝说，真的非常了不起。"

"我完全赞同你的意见，"我说，"那个人不管是门客还是朋友或同事，他都是一个值得尊敬的人。那个人不仅人品值得我们尊敬，而且他很会给人讲道理，廉颇由不断挑衅到负荆请罪，固然是因为他自己知错就改，但如果不是那个人的提醒，可能也不会这么快就能明白，是不是？"

这个问题得到了孩子们肯定的回答，于是我又说："那么，那个人到底说了些什么呢？请大家思考一下，等会儿同桌的两个同学一个演廉颇，一个演'那个人'，咱们也来过过话剧瘾。"

几分钟后，"演出"开始了：

廉颇：瞧那个蔺相如，今天看到我的马车挡在巷口，远远地就掉头逃跑了。这样一个胆小如鼠的人竟然当上了赵国的上卿，我只能呵呵了。

同事：廉将军，您别忙着呵呵，蔺相如并不怕你！

廉颇：不怕我他为什么看见我就逃？难道他是怕我的马，怕我的车夫吗？哈哈！

同事：廉将军，请如实地回答我，你和秦王谁厉害？

廉颇：这还用问，当然是秦王厉害。

同事：我再问您，蔺相如怕秦王吗？

廉颇：嗯，他不怕秦王。他跟秦王唇枪舌剑、针锋相对，秦王倒是有些怕他。

　　同事：是呀，他连秦王都不怕，怎么会那么怕你呢！

　　廉颇：是呀！是呀！这是为什么？

　　同事：廉将军，秦王不敢侵犯我国，就是因为我们赵国武有您廉将军，文有蔺相如。要是你们两人闹翻了，后果将会怎么样？这一点你想过没有？

　　廉颇：哎呀，蔺相如避让我不是怕我，而是为赵国的利益着想啊，我真是太糊涂了，谢谢你提醒了我，明天我要去负荆请罪。

　　……

　　下课了，孩子们的脸上都是一幅满足的样子。廉颇、蔺相如这样的人毕竟是少数，但我们每个人都有可能是别人的朋友、同事或智囊，如何当好这些角色，这节课我用语文的方式让孩子们进行有效思考和实践，我也很满足。

我挑学生打笔仗

> "哪一种行出由衷的教育行为不是在倾听，或者不经由倾听这一通道而得以达成；又有哪一种发自肺腑的倾听行为不是在进行教育——对教育对象的教育，对自我的教育？"
>
> ——冯卫东《为"真学"而教》

进入六年级后，班上的部分同学似乎变得特别敏感，原来很开朗的孩子遇到一点小事竟也学会了生气，而且还不肯与对方沟通。这不，这学期新转到我班的顾明跟后座的陶钦、孙绪闹起了别扭。把他们找来调解，可三个家伙一个比一个高傲，一个比一个倔强，谁也不低头，谁也不吭声。询问其他同学，也不知道是什么原因。这可急坏了我这个班主任。

忽然想起开学初陶钦描写顾明的一则片段，也许他们之间的误会从那时就开始了。"你们不是不肯说，不肯听吗？那我就想办法逼你们听，引你们说！"主意已定，第二天晨会课上，我就以佳作欣赏为名读了这篇题为《新来的同学》的片段：

这学期，我们班又转来了两个同学。坐在一组一号的那个小女生叫许梦月，诗意的名字加上一张漂亮的鹅蛋脸，让人觉得她是一个从画上走下来的古代仕女。

坐在我前面的男生叫顾明。他说他是在部队里出生，在部队里长大，因为爸爸工作调动才从青岛转到我们学校来的。不说不像，仔细"品味"，他身上还真有些"军味"呢！黝黑的皮肤、笔直的腰杆、不苟言笑的神情……处处都给人一种凛然不可侵犯的感觉。我们几个女生一致认为，如果把《今天我是升旗手》拍成电影的话，他肯定是演"肖晓"的最佳人选。

不过，这个"肖晓"有时挺傲的，比如昨天上音乐课时，他就不屑一顾地说："我们那儿早就学五线谱了！"言下之意就是你们怎么还唱简谱。他的话严重伤害了我的自尊心，我本来要跟他理论一番的，但转念一想，他毕竟是新来的，说句错话也不应该太计较，所以也就没有搭理他。　　（陶钦）

出乎意料的是，顾明没有反击，倒是孙绪跟着发起了"进攻"，写了篇《对作业高手》。"只要你们说，我就得让你们听。"于是，我又读起了孙绪的日记：

"快，把作业本拿来！"听了这话你一定会以为是某位组长在收作业本，那你可就错了，其实这只是坐在我前面的顾明在向同学要本子对作业。只见他把自己的作业本放在桌上，人家的本子放在抽屉里，先看一下自己的答案，再看一下同学的答案，还时不时贼眉鼠眼地向四周看看，好像怕被谁发现了似的。真不愧是"沙场老将"啊，业务竟如此之熟练！作为中队长，我不能熟视无睹，于是便对他说："对作业，好意思的。"

顾明一听"腾"地站起来，双手叉腰，两眼直瞪着我说："关你什么事，少啰唆！"说完又继续对起来。

望着他那骄傲的背影，我的肺都气炸了，恨不得立刻冲上去给他一掌，但转念一想，跟这种人有什么好计较的呢？他爱对就让他去对吧！看他考试时怎么办！　　（孙绪）

我不知道这件事有多少可信度，但看得出来，孙绪是狠狠地发泄了一下。面对两位女生咄咄逼人的攻势，顾明再也忍不住了，第二天的家作本上出现了一篇《歪曲事实的高手》，我挑起的这场笔战终于全面爆发了：

今天，老师读了孙绪的日记，她写的居然是我和同学对作业的事。当然，我这样做是不对的，但孙绪也未免太夸张了。"贼眉鼠眼""生怕被谁发现""双手叉腰""两眼直瞪着我"……这些词我真不知道她是从哪里找来的，反正我从来没有这样做过。我觉得孙绪不应该姓孙，而应该姓李，是诗仙李

143

白的后代，不然，她怎么会有如此高超的"夸张"技巧呢！

对了，孙绪的同座陶钦也是个歪曲事实的高手。刚开学时，我曾对她说："我在青岛学的是五线谱，但这里教的却是简谱，所以我有点不习惯。"谁知，这句话在她的日记里却成了："我们那里早就学五线谱了，可你们还在唱简谱。"我真希望陶钦是耳朵出了毛病，因为我实在不想用"善挑是非"这个难听的词来描述我的这个新同学。

有时候，孙绪和陶钦还会联手出击——坐在后面，一个用笔戳我的背，一个用脚踢我的椅子。如果我不理睬她们，她们就阴阳怪气地说："哎呀！我们班怎么来了个木乃伊啊！"如果我转过去和她们理论，她们往往会若无其事地笑一笑，然后说："急什么急，看你那傻样！"每次做数学课堂作业，一旦她们先写完，总喜欢习惯性地说一句："笨蛋，还没写完啊！"平时，她们俩还爱一唱一和地说些不堪入耳的闲话（针对我的），故意气我。作为一个男子汉大丈夫，这些我并不计较，但我却不能容忍她们上课说知心话、哼流行歌曲、写歌词，因为这不仅影响我听课，也会影响其他同学听课，当然也会影响她们自己。

我不是一个"讳疾忌医"的人，我保证以后再也不和同学对答案了，但孙绪和陶钦能听进我的话吗？能改正错误吗？如果不能，她们还有资格做班委吗？

（顾明）

顾明真是个写作高手，不仅为自己作了辩解，还对两个同学进行了有力的回击。上午刚读了这则片段，下午陶钦就送来了一篇《几点说明》，我心里暗暗得意，这仗打得越打越精彩了：

听老师读顾明的日记时，我心里一直在笑。他把我和孙绪写得一文不值，自己倒好像很伟大似的。其实，他写这篇日记纯粹是为了报复。这，我绝对没有乱说。因为我曾问过他："你写孙绪是因为她写你对作业，我又没有写你什么，你干吗非把我扯进去？"他说："你也写过我！"这时我才想起，开学初我在一篇日记中写了刚转来的两位同学，其中就有他。不过，当时我只是真实地写了我对这两位同学的认识，并没有刻意去写他不好，可是，他对这件事却一直耿耿于怀，可见他的心胸是多么的狭窄。

顾明在日记里说，如果我们作业做得比他快，就会习惯性地骂他是大笨蛋。其实，他这话没有说完整。刚开学的几天，他每次作业都比我们做得快，每次做完后，他总会对我们说："大笨蛋，还没有做好！"听了这话，我心里当然不好受，但却不好说什么，因为我的确没有他快呀。但我不是那种"自甘堕落"的人，这几天，我加快了做作业的速度，每次都做得比他快。于是，我便以其人之道还治其人之身，也骂了他几次，目的是让他也尝尝被人骂"大笨蛋"的滋味，但在他的日记中，我却成了一个作业做得快就去嘲笑别人的人，我是那种人吗？

顾明说我们上课哼歌曲、写歌词，我不否认，但事情没有他说的那么严重。我们只是在音乐课上、在心血来潮的时候才会偶尔哼几句。至于写歌词，我们只是在下课和自由的时间写一写，从来没有在上课的时候写过。

顾明说，我们戳他的背、踢他的凳子，还骂他，好像我们特别喜欢无理取闹似的，其实我们有时是想逗他玩玩，有时是想喊他说说话，还有就是他晃我们的桌子，我们实在忍无可忍了，才会这样做。我觉得无理取闹的应该是他。前一段时间，我和丁潍娜（顾明的同座）合用一个垃圾袋。有一次，我把废纸拿给丁潍娜，让她放到垃圾袋里，顾明见了，便捂着袋口说："你的垃圾为什么要放到我们这儿来？不许放！"

遇上他这种人，我真是无话可说。平时，我和他话不投机，常常是说不上几句就翻脸，他当然认为我不爱团结。我们之间有些矛盾，我们说的话，他当然不爱听，这样我们自然成了他眼中"爱说闲话"的人。不过，话说回来，顾明也有许多令人佩服的地方，比如说他捕风捉影的本领，比如说歪曲事实的心机……如果说我和孙绪不配当班委的话，呵呵，那么最配的当然就是他顾明了！

（陶钦）

读完这篇日记，我没有再收到交战双方的作品。又是一个晨会课，我"不无遗憾"地说："今天没有佳作让大家欣赏了，同学们就自由谈谈感受吧。"顾明首先站起来做了自我批评，紧接着陶钦和孙绪也检讨了自己的不足。我感慨地说："他们三个都是品学兼优的好同学，可为什么会闹别扭呢？难道伴随我们长大的是拒绝解释、拒绝倾听、互相敌对吗？请同学们继续发表意见。"也许是从日记里看到自己的影子，也许是这些天天发生在身边的事让他们特别有感触，孩子们的发言很精彩、很深刻。课后，我请他们三个执笔对刚才的讨论做一个总结，很快，一份发言纪要就贴到了班级的公布栏里：

1.对他人的话不胡乱猜疑，如果的确有想不通的地方就主动和对方沟通，以避免出现不应有的误解。

2.和同学发生矛盾后首先反省自己的过错，多从自己身上找原因；指责、批评同学要实事求是，不逞一时之快夸大其词，伤害同学。

3.学会站在对方的立场上思考问题，这样才能更好地理解同学，控制自己的言行。

4.处理矛盾时既能心平气和地说明自己的想法，也能认真倾听对方的意见，不心高气傲、互相敌视，学会解释，学会倾听，能让我们变得理智、成熟。

在我的指导下，三个家伙给这份纪要取了个题目：长大的标志。

顾明与孙绪、陶钦握手言和了，经过这件事后，班上的风气也有了明显的改变。很多时候，同学与同学之间的问题常常是因为不肯倾听而发生的。当大家静下心来彼此倾听的时候，问题往往会迎刃而解。从这个意义上说，学会倾听就是长大的标志——孩子是这样的，社会和国家也是这样的。

三教《埃及的金字塔》

> "阅读是运用语言文字获取信息、认识世界、发展思维、获得审美体验的重要途径。阅读教学是学生、教师、教科书编者、文本之间对话的过程。"
>
> ——《语文课程标准》

在我眼里,《埃及的金字塔》曾经是标准的"鸡肋":它没有曲折的故事,没有丰富的情感,真是食之无味,弃之可惜。

第一次教这篇课文,我觉得它太简单了,于是就放手让学生收集金字塔的有关资料,课上匆匆忙忙处理完课文后便开始了交流。学生交流得非常热烈,我也觉得这堂课打开了学生的眼界,丰富了学生的知识,培养了他们收集运用资料的能力,应该算是成功了,可期末复习时,我发现学生生字不会写,课文不能熟读,更不用说回答课后的问题了。

第二次,我规规矩矩、老老实实地先教生字、再读课文。学生不是不能回答课后的问题吗?我就从问题入手告诉学生,课文介绍金字塔运用了列数据、作比较、举例子等说明方法,并把这样写的好处进行仔细的剖析。孩子们一边听一边记,态度非常认真。可寂静的课堂让我明白,孩子们是在为学而学,他们对我讲的东西没有兴趣。

这学期,我第三次教《埃及的金字塔》。怎样才算是抓住了说明文教学的本质,怎样才能上出说明文的"语文味",怎样才能促进学生积极主动地学习?我做了一些思考和实践。

一、揣摩表达顺序

"在阅读中揣摩文章的表达顺序"是《语文课程标准》第三学段的一个重要目标。《埃及的金字塔》层次清楚，为学生感受表达顺序提供了一个很好的机会。课的开始，我首先请学生逐节朗读课文，了解每一自然段的大意，然后板书小标题：位置外观→作用来历→宏伟精巧→建造方法→智慧结晶。接着，我又请学生对照板书简述课文的主要内容。最后，我提出了这样一个问题："课文几个自然段的顺序可以调换吗，为什么？"通过讨论，孩子们明白了，说到金字塔，人们通常首先想知道的是它在哪儿、外形是什么样子、它是做什么用的等，其次才是某一个金字塔的规模及建造方法。课文实际上是按照人们了解事物的客观规律来介绍的，所以显得条理分明。这个环节的训练，不仅让学生明白了课文是按怎样的顺序写的，还知道了为什么要按这样的顺序写，也为本单元的"口语交际——介绍世界名城"做好了铺垫。

二、学习说明方法

课文的第三节运用举例子、列数据、作比较等方法重点介绍了胡夫金字塔的宏伟精巧，是课文的重点段，我设计了这样的教学过程：

A、自主探究，学习说明方法

1.细读课文第三小节，看看胡夫金字塔有什么特点？把你的发现写在书旁的空白处。

2.再读第三节，想想作者是用什么方法介绍胡夫金字塔这些特点的？

3.重点讨论：运用举例子、列数据、作比较等说明方法有什么好处？

B、迁移练习，介绍古迹大成殿

1.（出示位于校园内学生天天可以看到的"省一级文物"——大成殿图片）简单介绍大成殿。提问：大成殿有什么特点？（高、大、历史悠久等）你准备用什么方法介绍大成殿的这些特点？（列数据、作比较等）

2.小练笔：介绍大成殿。

3.交流、评价。主要引导学生评价是否抓住了大成殿的特点，是否运用了恰当的说明方法等。

对第三学段的说明文教学，《课程标准》提出了这样的要求：阅读说明性文章，能抓住要点，了解文章的基本说明方法。怎样才算是"了解"了基本说明方法呢？我以为仅仅是"知道"还不够，还要看学生能否运用。这个环节中，我不满足于学生发现了说明的方法及这样说明的好处，还放手让学生进行语言实践，通过语言实践，达到了加深了解，提升能力的目的。

三、图解建造过程

课文第五节介绍的是金字塔建造的过程，我发现这部分内容特别适合用图画的形式来表现。于是我就放手让学生读课文，画建造示意图。学生通过读→画→讲这样一个过程，不仅深刻理解了课文，而且还发现、修改了课文中表达欠严谨的句子，取得了意想不到效果。

师：（出示课文第五节）请同学们自己读读这节课文，然后根据文字把建造金字塔的过程画出来，好吗？（学生一边仔细研读课文，一边画图。）

师：（请一名同学上黑板画图，老师相机提问。）地面的一层砌好了，为什么要堆起一个和这一层同样高的土坡呢？

生：是为了把用于砌第二层的石块拉上去。

师：土坡为什么要这么倾斜呢？

生：土坡越倾斜，向上拉石块就越省力。

师：砌最后一层金字塔时，石块是从哪儿拉上去的？

生：从倒数第二层的斜坡。

生（突然地）：课文中"金字塔有多高，土坡就有多高"这句话有问题。

师：为什么？

生：因为从图上可以看出，金字塔最后一层的石块是从倒数第二层的斜坡上拉上去的，最后一层建好后，就不用再堆土坡了，所以，土坡应该比金字塔矮一些，而不是像课文里说的和金字塔一样高。

师：有道理吗？（生点头）怎样改才更准确呢？

生：我认为应该改成"金字塔有多高，土坡就和金字塔差不多高"。

……

四、品味语言特色

为了准确介绍金字塔的历史、规模等情况，课文运用了列数据的说明方法，可是一个个精确的数字却又和"大约""差不多"等表示概数的词连在一起，是作者的疏忽，还是更准确的表达，我和同学们展开了讨论。

师："绕金字塔一周，差不多要走1千米的路程。"这句话中的"差不多"可以去掉吗？

生：不能去。

师：为什么？

生：因为如果把"差不多"去掉，就说明绕金塔一周正好是1千米。

师：绕金字塔一周正好是1千米吗？

生：不是，比1千米要少一点。

生：用了"差不多"更符合实际情况。

师：对，"差不多"虽然是一个比较模糊的词，但有时候用上它反而更准确了，这就是"模糊中的精确"。课文里还有这样的句子，请大家找出来，体会体会。

……

孩子们很快就把所有这样的句子都找了出来，在比较品味中领会了语言的准确与周密，体悟到了"模糊中的精确"这一奇妙的表达方式。

五、打开探索之窗

课的最后，我和学生进行了一段对话：

师：读完了课文，你还想知道些什么？

生：有人说金字塔是史前文明的产物，还有人说金字塔是外星人建造的，我想知道这是不是真的？

生：金字塔是古代世界七大奇迹之一，我还想了解其他六大奇迹的情况。

师：老师向大家推荐两本书，《金字塔的秘密》《古代世界七大奇迹》，或许它们能满足大家的愿望……

这段对话虽然简单，但却把孩子们的目光引向了金字塔的"更深处"，引向了古代世界的六大奇迹，为孩子们打开了一扇探索的窗户，当然也达到了有效拓展语文课堂、实现课内外对接的目的。

三教《埃及的金字塔》，使我对说明文教学有了一些粗浅的认识：

1.说明文教学要从文本的特点出发。记叙文有记叙文的特点，说明文也有说明文的特点。我们之所以觉得说明文教学比较枯燥，是因为我们忽视了说明文的特点，把它当作记叙文来处理的缘故。如果我们能从说明文的文本特点出发，带领学生理清行文思路，学习说明方法，感受语言特点，并相机融入必要的听说读写训练，那么说明文就不再是"鸡肋"，而是一道洋溢着浓浓语文味的"大餐"。

2.要善于引导学生进行探究性学习。不管是介绍事物的形状、构造、类别，还是解释事物的原理、特点、演变，说明文对学生都有很强的吸引力，都能激起学生强烈的探究欲望。作为教师，我们不应该是权威，把知识简单地"告诉"学生，而应因势利导，转变为探究性学习的指导者和参与者，引导学生去发现有趣的问题，寻找解决的方法，帮助他们在听、说、读、写等活动中获得个性化的体验，提升语文的素养。因为，"知识只有在热爱中、在探索中才能有活力，有生命"。

3.要处理好教材和拓展资源的关系。"语文教材无非是个例子，凭这个例子要使学生能够举一反三，练成阅读和作文的熟练技能……"叶老的这句话明确地指出了教材的地位和作用。我们必须引导学生把课文踏踏实实地学好，再为他们打开一扇探索之窗，使学生在课内掌握"捕鱼"的本领，在课外自由地捕获"鱼儿",这样就达到了"教是为了不教"的目的。如果课堂上过量地引入拓展资源,势必会喧宾夺主,影响学生对课文的感悟和品读,影响学生语文能力的形成。不能"举一"何以"反三"呢?

"补白"需谨慎,"练笔"不随意

> "倾听自我,反思成长。"
>
> ——冯卫东《"倾听教育"纲领》

《彭德怀和他的大黑骡子》是我最喜欢的一篇课文,作者通过两组矛盾冲突生动地表现了彭德怀爱骡子更爱战士的思想感情。课文的第19节是:"枪声响了。彭德怀向着斜倒下去的大黑骡子,缓缓地摘下军帽……"以前每次上这篇课文,我都要求学生先想一想省略号省略了什么,然后写一段话进行"补白"。为了把这段话写好,我会"引导"学生思考:大黑骡子倒下后彭总会怎么做?会想些什么?会说些什么?在我的悉心指导下,孩子们基本上都能很好地完成这段"补白"。这是当年一个学生的作业:

"砰——"枪声终于响了!

大黑骡子缓缓地倒了下去。它望了一眼茫茫的草地,望了一眼红军战士,望了一眼自己的主人,永远阖上了眼帘。

彭德怀拖着沉重的双腿,颤抖着来到大黑骡子的身边。凝望着大黑骡子瘦弱的身躯,抚摸着大黑骡子乌黑的皮毛,他的双手在颤抖,他的全身在颤抖,他的心在颤抖!他怎能忘记,多少个日日夜夜,大黑骡子又驮伤病员又驮粮食,再苦再累,它从不吭一声;他怎能忘记,大黑骡子一点儿料都吃不上的时候,他把干粮分出一些,悄悄地塞进大黑骡子的嘴里,一直看着它吃完;他怎能忘记,夜深人静的时候,自己拍着大黑骡子的脖子和它轻声絮语的情景……可从今以后,他再也不能和大黑骡子并肩作战了,再也不能抚摸它柔软的皮毛了,再也不能给他喂东西了……

彭德怀的眼睛模糊了,远处的树,近处的草,大黑骡子的身躯……一切

153

都变得雾蒙蒙的，只有记忆中的大黑骡子还是那样清晰，它跑着、跳着，是那样的活泼，那样的欢快……

天尽头，残阳如血。

草地上，血如残阳。

毫不夸张地说，这段写话当年曾经风靡全年级，同事们争相传阅，纷纷拿到班上介绍给他们的学生，让我好不自豪。可现在再看这段写话，我却一点也自豪不起来，原因很简单：按彭总的性格，按课文的描写，彭总是不大可能去抚摸倒下的大黑骡子的，是不大可能去跟大黑骡子说话的，即使有眼泪他也不大可能当着大家的面流出来——一个目不识丁的老爷爷可能会这样做，但这跟彭总的性格不符，跟课文里描写的形象不符。如果彭总这样做了，战士们还能喝得下肉汤吗？战士们喝不下肉汤是彭总希望看到的吗？所以，我指导学生进行一次不符合人物性格、不符合实际场景的想象，这样的想象写得再好也是虚假、矫情的，没有任何价值。

为课文"补白"是我们常用的训练方法。之所以常用，我以为有两个原因：一是大家认为"补白"可以帮助学生加深对文本的理解；二是因为"补白"时学生有话说，解决了"写什么"的问题。很长的一段时间里，我也觉得这是一举两得的好事，也常常做这样的训练，而且做得津津有味、乐此不疲。但做着做着，我就觉得这种训练是有问题的：

第一，这种"补白"训练很多时候是不需要的。文本中的省略号（或留白）就像国画里的留白一样，会给读者留下广阔的回味和想象的空间，它本身就是说不清、说不尽，也无须说的，它的妙处也在于说不清、说不尽和无须说。补白训练在一定程度上破坏了文本的意蕴，可以说是大煞风景的事。

第二，"补白"会使学生对文本产生困惑甚至错误的认识。当我们一而再、再而三地进行补白练习时，学生就可能产生这样的困惑：课文里的省略号（或者是文本中的留白）到底用得恰当还是不恰当？如果是恰当的，为什么总要我们展开来写？如果不恰当，作者为什么会这样写？——这是学生心中确确实实存在的问题，这样的问题困扰学生一天，他们对文本的认识就模糊一天，他们对写作的理解就模糊一天。

第三,"补白"内容常常与基本事实不符,上面的学生习作就是最好的例证。像这样的例子还有好多。比如《聂将军与日本小姑娘》这篇课文中有这样一句话:"40年后,已经成为三个孩子母亲的美穗子和她的家人,专程前来中国看望聂将军,感谢将军的救命之恩。"第一次学这篇课文时,我就请学生想象40年后美穗子和家人来看望聂将军的情景并写下来,后来,这也成了课文后的练习题。于是,每次学这篇课文我都会引导学生去想象,孩子们每次都会煞有介事地想象聂荣臻将军和美穗子会说些什么、做些什么,并写下来。有一次偶然看到了那次会面的影像资料,我不禁哑然失笑,因为真实的场景和孩子们的想象完全是两回事——历史应该是不可以想象的,所以再讲这篇课文时,我就不再进行这样的练习了。

第四,"补白"练习的重点大都指向理解课文内容而不是真正进行写作训练,而理解内容又大都可以通过口述完成。公开课上常常听到上课老师这样说:"因为时间关系,请大家把笔放下,我们现在来交流,没有写完的部分就说出来……"既然可以用"说"代替"写",那"写"的独特价值体现在哪里呢?

虽然不赞同"补白"训练,但适当的随文练笔我以为还是有必要的,关键是要找好训练点:不能太难,难度太大不仅达不到训练的目的,还会让学生对"写"望而生畏。最好使孩子"跳一跳,够得到",这样孩子们不仅可以感受挑战的刺激,也可以享受成功的乐趣。

再回到《彭德怀和他的大黑骡子》上来,这篇课文在写作上的最大特点是用两组矛盾冲突展现人物的形象,但这个特点对五年级的学生来说显然难度太大。这篇课文还有一个特点,就是运用人物的对话来推动故事情节的发展,表现人物的性格特点,这是一个很好的训练点。所以,最近一次学这篇课文时,我首先带着孩子们用各种形式朗读、欣赏课文的5到19节(彭德怀与老饲养员及其他战士的对话),让学生对这段文字的起承转合、表现特点了然于胸。接着,我以"考试之后"为话题,进行了一场情境对话,请学生模仿课文的写法把它写下来。最后,我请学生回家后观察一个对话场景进行仿写。这次练习的效果出乎我的意料,孩子们不仅态度积极,而且习作的质量也非常让我满意。这是闻欣同学的作业:

"还有这么多蛋糕,谁来跟我一起来把它吃掉。"妈妈口齿不清地说着,两眼在我和爸爸身上扫来扫去。

我摸摸圆鼓鼓的肚子,懒洋洋地说:"反正我已经吃饱了,如果再吃,明天早上你看到的也许不是我,而是一只小胖猪……"

妈妈"扑哧"一声笑了,挥了挥手,说:"你不吃就不吃,又没人逼你,哪来这么多废话!"

"我不吃!你也不要吃了,晚上吃太多不好。"爸爸两眼盯着一本小说,头也不抬地说。

"你不吃,别人也不能吃吗?"妈妈把勺子用力往桌子上一扔,皱着眉瞪着爸爸,声音一下子抬高了八度。

"我就这么一说,你怎么了?"爸爸摇摇头,眼皮垂了下来,小声嘀咕着。

没想到妈妈的耳朵比雷达还灵敏,她把蛋糕往前一推,猛地站了起来,蛮不讲理地说:"怎么了?我就不高兴了,怎么了?"

爸爸没有吱声,我当然也不会回答,谁都知道,这时候说话就是"自取灭亡"。

一分钟过去了,两分钟过去了……客厅里静悄悄的,挂钟的"嘀嗒"声显得格外清晰。

"闻俊,你到底吃不吃,如果你不吃,我就一个人吃下去!"妈妈终于开口了,她杏眼圆瞪,对着爸爸怒吼道。

"吃,吃,谁说不吃了!"爸爸忙不迭地回答着,"等我把这一章看完就来。"

"这还差不多。"妈妈满意地坐了下去,她恢复了原样,拿起勺子优雅地吃起了蛋糕。

很显然,跟之前的"补白"相比,这是一次相对合理的随文练笔。它不仅让学生获得了"带得走"的能力,也在推动学生观察生活、发现生活、表现生活——也许这样的随文练笔才是学生所需要的。

天的尽头　书的世界
——我推荐的三本书

> "在读者面前的不是一束印着黑字的白纸，而是一个人，一个读者可以听到他的头脑和心灵在字里行间跳跃着的人。"
>
> ——左　拉

"没有人知道为什么，太阳总下到山的那一边；没有人能够告诉我，山里面有没有住着神仙。多少的日子里，总是一个人面对着天空发呆。就这么好奇，就这么幻想，这么孤单的童年。"这是经典老歌《童年》中的一段歌词。小时候，我就像歌中孩子一样，常常久久地凝望着天的尽头，浮想联翩：那边的天空多矮呀，连接它的是大海，是陆地，还是高山？如果我一直向前走，能不能从天地相接的地方走到玉皇大帝的宫殿里去？

随着年龄的一天天增长，童年的幻想也一天天离我而去，但对远方的向往却从来没有消退过。我没有时间，也没有能力进行长途的旅行，但我一点儿也不遗憾，因为一本本书满足了我的愿望。天的尽头在书里啊，那是一个多么迷人的世界啊！

《孤筏重洋》：太平洋上的100天

挪威科学家海雅达尔通过研究得出了一个惊人的结论：太平洋中波利尼西亚群岛上的第一批居民来自公元5世纪的南美洲。但他的观点遭到了许多学者的反对，理由很简单：那时候南美洲居民航行的工具只有木筏，而木筏不可能帮助人类横渡太平洋！

为证明自己的观点，海雅达尔找到了5名志同道合的伙伴，他们决定用严格按照原样仿制的木筏"康铁吉号"，横渡太平洋！1947年4月，"康铁吉号"

从秘鲁出发，漂洋西去，这一漂就是4000多海里！4000多海里的旅程中，他们经历了无数的生死考验，也有无数的惊喜和发现。第100天，木筏终于在一个荒岛上靠岸了。除了带去的一只鹦鹉死于风暴外，他们6个人全部平安登陆，一场艰险、雄壮的海上旅程胜利结束。这是一次震惊全球的壮举，海雅达尔等人用伟大的实践证明了自己的判断，并向人们展示他们对科学的忠诚和执着。

32年前，我在书店偶然淘到了《孤筏重洋》。30年来，只要教高年级，我都会和孩子们一起读这本书。一打开它，我们就好像来到了天的尽头，与作者一起在南美的热带森林中寻找"筏木树"；一起在南太平洋浩瀚的海面上搏击风浪；一起在波涛声中听波利尼西亚人讲述他们古老的传说……我相信，探险家们严谨认真的工作态度，面对困难的乐观和勇气，为理想、为科学献身的精神，也一定会随着这些精彩的故事悄悄地种进孩子们的心里。

有一年，诗人海子去山海关住一段时间，随身带了四本书，分别是：《圣经》《瓦尔登湖》《康拉德小说选》，还有一本就是海雅达尔的《孤筏重洋》。

《哈利·波特》：魔法中的现实世界

这是一个异乎寻常的星期二，住在女贞路4号的德思礼先生看见一只花斑猫正在家门口不远的地方看地图，而且电视上说一贯昼伏夜出的猫头鹰今天一早就四处纷飞，连专家们也无法解释这种反常现象。

就在这天晚上，失去父母的1岁男孩哈利·波特神秘地出现在女贞路4号的门前，开始了在他姨父姨母家饱受欺凌的生活。十年很快就过去了，在哈利11岁生日那天，一只猫头鹰送来了一封信，邀请哈利去一个他从来没有听说过的地方——霍格沃茨魔法学校上学。于是，哈利·波特来到了一个全新的世界——英国女作家J.K.罗琳尽心构建的魔法世界。在这个世界里，有无数的磨难等待着哈利，但在朋友的帮助、老师的呵护下，他一天天长大，最终打败了强大的伏地魔，成了这个世界的英雄。

《哈利·波特》系列小说一共有七部。有人说，这是罗琳用文字为世界编织的一个童话。我以为，这种说法不完全正确。因为罗琳看似天马行空的想象其实深深根植于现实生活中，我们总能在那个奇妙的世界里看到现实的影子，就连霍格沃茨学生们的小烦恼，也跟当下的学生没什么两样，大家都是孩子，都有写不完的作业、做不完的功课。这一切让那个虚无缥缈的世界具有了更多的现实意义，于是读起来就有了一种很特别的真实感。

这个系类小说特别适合孩子，不仅仅是因为它奇特的想象、精彩故事。它对人物语言、动作、神态、心理细致入微的描写，简直就是最好的习作范本。我敢说，细读七部《哈利·波特》至少抵得上两年的语文课，所以，我总是带孩子读这个系列，一本接一本地读。

天的尽头不是尽头，那里还有一个魔法世界，一个属于哈利·波特的精彩的魔法世界！

《我的阿勒泰》：日常的生活也是那样美好

北京到乌鲁木齐约3000公里，从乌鲁木齐再向北1000多公里，就到了阿勒泰。因为一本书，中国版图上这个最偏远的角落让许多人对它充满了向往，这本书就是《我的阿勒泰》。

先说说这本书的作者——李娟。她从未受过任何专业的文学训练，一直在阿勒泰地区和母亲一起开杂货店、缝纫店，随着牧民在穷荒辽阔的边地辗转迁徙。也许正因为如此，她的文字清新、自然、超凡脱俗，《我的阿勒泰》出版后立即引起了巨大的反响。作家舒飞廉评价说："她让我们这些弄文字的家伙感到绝望。"而作家刘亮程则说："只有像李娟这样不是作家的山野女孩，做着裁缝、卖着小百货，怀着对生存本能的感激与新奇，一个人面对整个的山野草原，才能写出不一样的天才般的鲜活文字。"

这本散文集所描写的戈壁、草原、雪山、帐篷、骏马、牧人，本来就极具吸引力。然而，此书真正吸引人之处，却不仅仅由于题材的力量——李娟不是以一个旅客猎奇的眼光，去写边疆的异域风光，她对这里的生活是那么的熟悉、那么的热爱，所以她笔下的一草一木、一条河流、邻居家的一个小孩、匪夷所思的边地医生、酒鬼醉汉、家里老外婆可笑的习惯、河边巨石上的一次午睡，都别有一种光彩，更不用说弹冬不拉的哈萨克青年、淳朴自然的少女、地区赛马会、乡村舞会等本来就美好快乐的事情了。所以,《我的阿勒泰》的特别之处,并不仅仅是作者笔下那些事物,更在于作者对待生活的态度——正因为作者心里装着美好而自然的东西,所以她总能发现并引导我们看到她笔下那些美好而自然的事情。读着读着,我们就会明白什么才是美好的生活;就会发现,我们日常的生活原来也是那样美好。

前不久,我向朋友还在读小学的儿子推荐了这本书。说实话,我并不知道小学的孩子是否喜欢这种"清淡"味道。谁知他一打开就再也放不下了,他说,这本书没有拗口的句子、没有难懂的词语,读起来特别轻松,作者就像在跟他聊天似的,读着读着,他就好像去到了阿勒泰。

我请班上的一个叫乔荞的女孩说说《撒哈拉的故事》与这本书的不同,她脱口而出:"读《撒哈拉的故事》就像在读小说,而读《我的阿勒泰》就像在读身边的事。"——孩子犀利的目光、简洁的表述让我折服!

孩子们,读书吧,让我们在书的世界里,一起走到天的尽头!

把自由阅读的梦还给学生

> "坐在马桶上看书的感觉真爽啊：没有妈妈利剑似的目光，没有妈妈喋喋不休的唠叨，不用画好词好句，不用摘抄背诵……我一页又一页地看着，忘记了妈妈，忘记了时间，忘记了一切！"
>
> ——方俊日记《"魔高一尺，道高一丈"》

上小学时，收音机里播放的评书让我迷上了传统武侠，《说唐》《三侠五义》……一本接一本，乐此不疲；到了初中，金庸、梁羽生成了我的最爱；读中师的时候，琼瑶风靡大陆，我以一天一本的速度看完了她所有的小说。记得当时也曾到学校图书馆借过一套《战争与和平》，可就是看不下去。但奇怪的是，毕业后我却一发不可收拾地沉醉在经典之中。虽说那时老师也说"读书破万卷，下笔如有神"，但似乎没有人会专门为考试而阅读，为作文而阅读，一切都从自己的兴趣出发——现在的孩子已经很难享受这样的自由和惬意了，因为无论是教育主管部门，还是学校、家长都特别注重孩子们的阅读。但许多事情不重视还好，一重视往往就会失去它们应有的自然状态，从而一步步走向功利，走向事物的另一面。

一、"必读"书单带来的灾难

不少教育主管部门或学校都会给学生开列"必读"书单，并通过考试来检查阅读的情况，这种做法给阅读带来的是灾难性的后果。

开列"书单"没有什么不好，但加上"必读"二字就值得商榷了。因为每个孩子阅读的兴趣、程度、能力是不一样的，让不一样的孩子读一样的书本来就不太恰当，况且这些书单本身还存在着一些问题。我仔细看过不少书单,总体感觉是开列书单的人不大了解儿童阅读,他们眼里除了四大名著就是《上下五千年》《世界历史故事》,要不就是一些成人的经典作品。他们无视那些浅显但优秀的读物在培养儿童阅读兴趣和习惯等方面所起到的巨大作用,更看不到这些作品所拥有的深刻内涵和独特价值,总是好高骛远地对学生的阅读内容和速度提出过高的要求,这往往会让阅读变成一件任务而不是学生的主动要求,会让孩子觉得无奈、痛苦,而不是期待和快乐。如此下去,一旦没有老师的要求,许多孩子就会被电视、游戏抢走而永远离开阅读。

更可怕的是为了检查学生的阅读情况,教育行政部门或学校往往会对学生进行测试。课外阅读怎么测试呢?他们通常的做法是根据故事的情节、细节等出一些试题。如:"鲁滨孙到失事的船上去了多少次?""蟋蟀拉琴是用左翼鞘还是右翼鞘?"为了能在测试中获得高分,老师不是带领孩子阅读、欣赏——这样太耗时,也不能保证考出好的成绩,而是把一本本书变成一条条复习题,于是课外阅读再次变成了一场毫无新意的应试。面对那些让人匪夷所思的复习题,面对枯燥的背诵和无聊的考试,孩子们获得的是有关这本书的知识而不是跟文字亲近的机会,他们不但会因此离开阅读,甚至还可能会觉得阅读是一件令人厌恶的事情。

"你可以把马牵到河边,却不能强迫它喝水。"推动阅读不是简单地从成人的角度给孩子开个书单,然后粗暴地强迫学生阅读,而应该用充足的图书、充足的时间、良好的空间和丰富多彩的活动去培养孩子们的阅读兴趣,把他们一点点引进阅读的大门,从而养成阅读的习惯。有了兴趣,有了习惯,想让他们不读书都难!

二、"好词好句"背后的错误观念

教育主管部门或者学校在推动阅读的过程中有一些偏差还不是最致命的,因为如果一线老师有正确的读书观念和灵活的操作方法,他完全可以在自己的班上把危害降到最低的程度。很可惜,这样的老师不是很多,更多的老师由于缺乏丰富的阅读体验,缺乏对文字的正确理解,缺乏突破重围的勇气,以致让阅读一步步走向歧路。这当中最突出的问题就是摘抄"好词好句"。

摘抄"好词好句"是许多老师经常布置的读书任务。我以为，这基本上是一项没有任何效用甚至有副作用的作业。因为绝大部分孩子都是在做完所有作业后，胡乱地从书上摘录几个词语、几个句子来应付老师的检查。干吗要摘抄呢？为了积累吗？要知道，人类的大脑十分神奇，该记住的总会记住，该忘记的总会忘记，该失而复得的总会失而复得——它不会因为学生做了"摘抄"而改变。为了促进阅读吗？那倒不如不摘抄，有摘抄的时间，孩子还可以多读好几页书呢！我悲哀地发现，许多时候，"摘抄"已经替代了"阅读"：孩子们应付完"摘抄"的任务后，时间已经不早了，手也已经很酸了，即使本来想看书的也没有了看书的时间和精力。

摘抄这种方法，对成人做研究、写论文等是有用的，但绝对不可以把它移植到孩子的阅读中来。我觉得让孩子快快乐乐、轻轻松松地把书读下去是最重要的。如果老师实在不放心，请孩子讲讲全书的人物和脉络，说说自己的理解和感受，甚至鼓励学生把书中的一些章节改成剧本演一演等，都不失为可取的检查方法。

再说"好词好句"。我很疑惑，离开了具体的文本和具体的语境还存在什么大家都认同的"好词好句"吗？我曾问过许多孩子，什么是"好词好句"，几乎所有的回答都是一样的：成语就是好词，比喻句、拟人句、排比句等就是好句。按照这样的标准，我们几乎无法从沈从文、汪曾祺等大师的作品中找到一个好词好句。手边正好有汪曾祺的《金岳霖先生》，现摘抄一个片段，我们不妨来读一读。

金先生是个单身汉（联大教授里不少光棍，杨振声先生曾写过一篇游戏文章《释鳏》，在教授间传阅），无儿无女，但是过得自得其乐。他养了一只很大的斗鸡（云南出斗鸡）。这只斗鸡能把脖子伸上来，和金先生一个桌子吃饭。他到处搜罗大梨、大石榴，拿去和别的教授的孩子比赛。比输了，就把梨或石榴送给他的小朋友，他再去买。

金先生朋友很多，除了哲学家的教授外，时常来往的，据我所知，有梁思成、林徽因夫妇，沈从文，张奚若……君子之交淡如水，坐定之后，清茶一杯，闲话片刻而已。金先生对林徽因的谈吐才华，十分欣赏。现在的年轻人多不知道林徽因。她是学建筑的，但是对文学的趣味极高，精于鉴赏，所写的诗和小说如《窗子以外》《九十九度中》风格清新，一时无二。林徽因死后，有一年，金先生在北京饭店请了一次客，老朋友收到通知，都纳闷：老金为什么请客？到了之后，金先生才宣布："今天是徽因的生日。"

学生的标准往往就是老师的标准，按照这样的标准，我们如何评价这个片段呢？我们是不是离真正优秀的作品，离真正优秀的写作，越来越远呢？当下不少学生作文时不是认认真真地观察，老老实实地写作，而是热衷于词语的堆砌和过度的描写——让学生摘抄"好词好句"是不是形成这个现象的原因之一呢？

三、对"随文练笔"不切实际的幻想

苏支超教授认为，阅读对于写作之所以有促进作用，是因为阅读和写作的过程都是语言运用的过程，都是运用思维的过程。阅读优秀语言作品的过程，就是沿着科学的思维轨迹，借助精良的语言来理解作品的过程。日久天长，阅读者的思维也必然趋于科学，语言也趋于精良，并在语言表达中体现出来。

但功利的阅读等不及"日久天长"，不仅课外阅读如此，阅读课也是如此。不知道从什么时候起，"写"成了阅读课上不可或缺的元素，一节公开课上如果没有"写"的训练，执教老师就有可能会被认为观念落后，甚至不懂语文教学。但期待通过"随文写作"来提高学生的作文水平在我看来是一个不切实际的幻想。

我们必须承认，"随文写作"是一种比通常的"训练性写作"更难的"训练性写作"。它不仅有严格的时间限制（一般只有5-8分钟，通常是大部分孩子才写了一两行，老师便宣布时间到了，最后以几个优秀学生代替全班同学进行交流而结束），有时候内容、形式也有规定，这样的训练除了培养学生应付考试的技能，其他方面收获可能不会太多。

"随文写作"常常要求学生从作品的主题出发写感悟。如一位老师执教史

铁生《秋天的怀念》时，让学生写写对母爱的理解。大部分孩子的文字看上去都非常优美，可全是空话套话，即使他们不上这节课，不读这篇文章也能随口说出来。这样的训练多了，就会让孩子产生"写作原来可以这样随便，可以这样应付"的错误观念。

　　学习表达的形式或技巧是"随文写作"的重要内容之一。我以为，如果学生已经掌握了这些形式或技巧，这样的训练就是纯粹的浪费时间；如果对学生来说是陌生的形式或技巧，这样的训练就是生硬、机械的模仿。吴冠中先生谈绘画教学时说："在教学中，重于培养慧眼，轻于训练技术，尤其反对灌输技术，技为下，艺为上。眼睛是手的老师，'眼高手低'不应是贬义词，手技随着眼力之高低而千变万化。"写作不也是这样吗？为了培养学生的一双慧眼，我们不能急急忙忙地"种"，分秒必争地"收"，而应该让孩子们尽情地阅读，自由地阅读。我们要相信在阅读的过程中孩子们必然会有自己的发现、自己的感悟，而这种发现和感悟一定会在某个时候，通过某种途径，用某种方式表现出来——这才是真正的能力。所以，王栋生老师说："阅读化为精神与知识的积累，需要一个过程。这个过程可能比较长，而惟其长，才能厚实，扎实，结实。"

　　"阅读就是自由的梦。"当下，超越功利的阅读似乎已经真的成了一个梦，但如果我们能倾听孩子的需要，如果能回望自己童年的阅读经历，即使是为了功利的目标，我们也会把自由阅读的梦还给孩子。

课堂教学：请呵护孩子的心理安全

> "所以，当他捧着那叠令人恐怖的试卷走上讲台时，我们一个个都愣住了。此时，教室里的气氛不是泰坦尼克号即将沉没，而是恐怖分子劫持的飞机正向世贸大厦撞去。
>
> "孙老师倒很沉静，比起我们渐响渐快的心跳，不客气点说，他这镇静可真像警察对待死囚啊！"
>
> ——张孜孜日记《想不紧张有点难》

曾获"全美最佳教师奖"的雷夫·艾斯奎斯在他的著作《第56号教室的奇迹》第一章中就告诉大家："第56号教室之所以特别，不是因为它拥有什么，而是因为它缺乏了这样一种东西——害怕。"因为没有"害怕"，雷夫创造了"奇迹"，他班上90%以上的孩子来自贫困家庭，但毕业时，这些孩子却高居全美标准化测试AST前5%，品行也发生了惊人的变化，长大后纷纷进入哈佛、斯坦福等顶尖大学并取得了不凡的成就。

如此，我们可以说，好的课堂一定是让学生感到心理安全的课堂，只有学生的心理安全得到保障，他们才有可能愉悦地接受教育，专注地投入学习，健康主动地发展。所以，呵护学生的心理安全是教师最基本也是最重要的职责。

一、培植敢想敢说的课堂文化

余秋雨先生说："一个不被挖掘、不被表达的灵魂是深刻不了、开阔不了的。不被表达的灵魂无法不断地获得重组。不断的表达实际上就是不断地组建自己的灵魂。"但是被"害怕"控制的课堂，学生不敢回答问题，更谈不上主动提出问题，因为一旦说错了，老师会批评，同学会笑话。所以要让孩子大胆表达，我们就要培植敢想敢说的课堂文化。

培植敢想敢说的课堂文化，方法和途径有很多，但最核心的是我们要努力追求教学民主，实施教学民主。我们要抓住每一个机会让孩子明白：老师喜欢你、信任你、理解你、宽容你，我是你的老师，但也是你最好的朋友。

一次，我班的一群"淘气包"偷看了老师的广播操比赛，并且把"最不认真"奖"发"给了我。一个小家伙在日记中写道：

最不认真奖：当仁不让的由我们的孙冬冬（孙老师）获得了！手臂伸不平，脚尖绷不直，表情不刚毅，目光不坚定……这些他平日里批评我们的话，今天在他一个人身上得到了最完美、最充分的体现，一套广播操被他演绎成了一套太极拳，他不得此奖，何人能得？

我毫不犹豫地在班上朗读了这篇精彩的日记，并讲了一个笑话：

一天，水蛇爸爸教水蛇宝宝游泳，他非常不满意水蛇宝宝的动作，训斥道："你怎么老是扭来扭去的，好好看我的示范！"于是水蛇爸爸下水卖力地游了起来。水蛇宝宝发现他扭得更厉害，笑得晕了过去。

我，就是水蛇爸爸！

听完笑话，孩子们乐得前俯后仰，笑声中，他们没有了担忧，感受到了平等，我们一起走进了一种开放的、多元的、具有无限包容性的、奇妙的地带。

培植敢想敢说的课堂文化，我们还要善于把否定性评价巧妙地隐藏起来。否定评价是教师对学生应答中的错误或偏离予以纠正的反馈策略之一。但直接否定往往会使学生面临尴尬，抑制他们学习的积极性，甚至会使部分孩子渐渐丧失表达的兴趣和勇气。当学生表达的观点或内容不完全正确，但却包含着合理因素时，可以通过对合理因素的挖掘，先肯定部分内容，再指出不足之处；当学生思维受阻，体验感悟偏离主题时，可以按照学生的逻辑推出明显不合理的结果，或通过比较让孩子自己发现矛盾；当然，更多的时候，可以采用"是这样吗？""再想想，你一定会明白的！""要是……就……"等句式委婉地表示否定。凡此种种都有助于达到淡化批评的味道，消解学生的失望情绪，避免给学生造成心理伤害的目的。这样，孩子的言说就不再会有负担，课堂就成了他们自由表达的天地。

二、把学习的主体地位还给学生

《窗边的小豆豆》是日本作家黑柳彻子的自传。在小豆豆就读的巴学园里，孩子们可以完全按照自己的喜好决定当天所学功课的顺序，可以完全按照自己的想法解决学习中遇到的问题——充分的主体地位让小豆豆这个"问题儿童"迷上了巴学园，并为日后的辉煌奠定了坚实的基础。

但长期以来，我们学生的存在似乎只是教师完成教学任务的背景，只是教师获取考试分数的工具，既然是背景，想怎么用就怎么用，既然是工具，怎么好用就怎么用。在这种状态下，学生体验到的只有紧张、焦虑和恐惧，久而久之必然会视上学为畏途，视教室为牢狱，他们怎么会快乐地学习，怎么能主动地学习！

把学习的主体地位还给学生是一个系统、复杂、难解的问题，当下可能还难以完全实现。但正如周国平先生所说的那样："即使在现行的体制下，老师仍拥有相对的自由，可以为自己的学生创造一个尽可能好的小环境，把大环境对他们的危害缩小到最低限度。"有时一个小小的变化，往往就能带来意想不到的效果，关键在于我们想不想变、愿不愿变。下面是一位老师执教《林冲棒打洪教头》这篇课文的两种教法。

教法A：

师：读了这个故事，你们觉得林冲是个怎样的人？
生1：他是个武艺高强的人。
生2：他是个谦虚谨慎的人。
生3：他是个能忍让克制的人。

……

教法B：

师：读了这个故事，就林冲这个人物，大家心里有疑问吗？请提出来。

生1：作为东京八十万禁军教头，面对洪教头的无礼挑衅，林冲为什么连说"不敢，不敢"？

生2：开始交手时，双方并没有分出胜负，林冲为什么跳出圈子说他输了？

生3：林冲为什么不狠狠教训一下百般羞辱他的洪教头，而只是照他的小腿"扫"了一棒？

师：真是好问题。请大家再仔细读读课文，认真地想一想，互相讨论讨论，相信你们一定能找到答案！

两种教法，且不去讨论教学效果的好差，我们看到的是立场问题，是把学生置于什么样的地位的问题。不难看出，第一种教法，一切都在老师的掌控之中，学生在课堂上所有的思考都在为教师而进行，这样的设计似乎尊重学生，实际上完全站在教师自身的教学立场上，是一种变相的或者被美化的"灌输"或"牵引"，教学在不知不觉中就滑向了"成人标准"的泥淖。第二种设计，则转换了视角，教师把"问"的权利和机会还给了学生，也就把学习的主体地位还给了学生。学生拥有了这些权利之后，学习就变成了他们自己的事，他们不再紧张、不再害怕，就会迸发出无比的热情，就可能给教学带来无比的惊喜。这虽然只是一个普普通通的教学技术的改变，但带来的却是课堂立场的美丽转身。

我非常喜欢萧伯纳的一句名言："我不是你的老师，只是你的一个旅伴而已。你向我问路，我指向我们俩的前方。"其实把学习的主体地位还给学生，不但让学生得到了解放，教师也放下了尊者的架子，让自己从心灵的虚伪中走出来，不断走向真实，回归本我，尽情地享受与学生平等对话所带来的自由和轻松。这时，师生之间的关系是融洽的，心理是相容的，大家所有的精力都被用在共同达成的教育目标上。

三、让当堂检测走向理性和艺术

"考考考，教师的法宝；分分分，学生的命根。"简简单单的一句话道尽了考试给学生带来的巨大恐慌和沉重压力。更可怕的是，在当下的各种教学模式中，每学期仅有的几次考试被"升级"为科科进行、课课进行的"当堂检测"，这让无数的孩子时时刻刻都生活在紧张和焦虑之中。他们也许会获得一个不错的分数，但付出的却是对知识的热情，对生命的珍视，对生活乐观的态度，对自我成长的信心——"当堂检测"必须走向理性和人文，才能更好地发挥它的作用。

苏联教育家苏霍姆林斯基的做法特别值得我们借鉴：

1.努力让每一个评分有分量、有意义。在苏霍姆林斯基漫长的教育生涯中，他教过除"制图"之外的所有学科，可是他从来没有凭学生一节课上的回答就给学生打分。（苏联学校的做法，一般是教师提问学生，在学生回答后就当场给予评分。）他说："我给的评分总要包括学生在某一时期内的劳动，并且包含着对好几种劳动的评定——包括学生的回答（也可能是好几次回答）、对同学回答的补充、书面作业、课外阅读以及实际作业等。"这种方式的检测，即使一时表现不佳，孩子们也不会沮丧，因为还有很多机会可以弥补，还可以从其他方面证明自己。因此，苏霍姆林斯基的检测不但不会让孩子害怕，反而会让孩子更加期待下一次的检测，真正起到了促进、引领的作用。

2.学生没能掌握知识，就不打不及格的分数。苏霍姆林斯基早就指出，挫败所带来的心情苦闷和精神抑郁会使孩子的大脑变得麻木起来，从而束缚孩子智慧的活动，只有"那种明朗的、乐观的心情才是滋养着思想大河的生机蓬勃的溪流"。在学生没能掌握知识前，苏霍姆林斯基从来不打不及格的分数。这跟当下许多老师的想法恰恰相反。不少老师认为，经常让学生吃点苦头、摔摔跟头，他们才能吸取教训，才能潜心学习。殊不知失败太多了、跌得太重了，孩子连爬起来的勇气都会丧失，哪里还会憧憬未来的成功。所以，苏霍姆林斯基谆谆教导我们："请记住：成功的欢乐是一种巨大的情绪力量。它可以促进儿童好好学习的愿望。请你注意无论如何不要使这种内在的力量消失，缺少这种力量，教育上的任何巧妙措施都是无济于事的。"

3.学生没有做好准备，就不进行检测。在苏霍姆林斯基看来，检测最主要的目的不是为了发现学生知识掌握的漏洞，而是为了证明学生的成功。那么，既然孩子没有做好准备，检测就失去了进行的意义。但我们总是拼命地把学生往前赶，当孩子们跌跌撞撞、精疲力竭地走到终点时，才发现沿途的风景被忽略了，而自己的身心早已伤痕累累。

"当堂检测"还可以如艺术一样精彩，于永正老师执教的《草》的最后一个环节就是最好的例证：

师：谁愿意（把《草》这首诗）背给奶奶听？现在，我当你奶奶，你奶奶没有文化，耳朵有点聋，请你注意。

生：奶奶，我背首古诗给您听，好吗？

师：好。背什么古诗？（生答背《草》）

师：草？那么多花儿不写，为什么写草啊？

生：因为草有一种顽强的精神，野火把它的叶子烧死了，可是第二年春天，它又长出了新芽。

师：哦，我明白了。你背吧。（生背）"离离原上草"是什么意思？我怎么听不懂？

生：这句是说，草原上的草长得很茂盛。

师：还有什么"一岁一窟窿"？（众笑）

生：不是！是"一岁一枯荣"。枯，就是叶子黄了，干枯了；荣，就是茂盛。

师：后面两句我听懂了。看俺孙女多有能耐！小小年纪就会背古诗。奶奶像你这么大的时候，哪有钱上学呀？（众笑）

说这个环节是表演吧，它的确是检测，从字、词、句到诗歌的立意无一不得到了有效的考查。可说它是检测吧，它又的确像表演，于老师寓庄于谐，教室里笑声阵阵，洋溢着浓浓的教学之趣、人文气息——也许这就是"当堂检测"的最高境界吧！

在马斯洛著名的需求层次理论中，安全是除生理需求以外人最基本的需求。学生在校的时间里，绝大部分是在课堂度过的，课堂生活的质量，往往决定了教育质量的高度。追求教育质量的高度，请从呵护孩子的课堂心理安全开始。

坚守常识：叶圣陶作文教学思想的核心内涵

> "……批改的过程中，这些人不时就把某个孩子作文中用得不恰当的词语，写得很童真的句子或他们认为幼稚可笑的事大声地、怪腔怪调地读出来，然后一起哄笑，如果你不笑也许就可能被他们认为你不懂作文、不配做作文的阅卷老师。为了证明自己，我也想跟他们笑一下，哪怕是撇一下嘴角，但我真的做不到，因为我的心被他们的笑声刺得很痛很痛！我真想喝住他们，真想请他们回想回想自己的童年，真想请他们认真看看这些文字背后站立着一个个怎样的儿童……"
>
> ——钱 勇《阅卷杂记》

作文的常识不高深、很普通，但每个老师都必须了解它、尊重它，教学才能走上正确的轨道。叶圣陶先生是现代语文教育的开创者和奠基人，是我们景仰的一代宗师。在我看来，他有关作文教学的论述和实践都是在阐述作文的常识是什么，都是在强调坚守常识的重要性。

一、作文目标：让学生获得基本的书面表达能力

提到作文教学，我们首先想到的往往是作文教什么、怎么教等问题。这些问题很重要，但作文教学的目标是什么，或者说我们想把学生培养成什么样的人这个问题更重要。因为目标的问题是方向性的问题，如果方向错了，我们的教学方法越好、越有效，就越有可能南辕北辙。而且，作文教学的目标在很大程度上也决定了我们将会采用什么样的方法进行教学，用什么样的标准评价作文。所以谈到作文教学，明确目标是第一位的事。

对于这个问题，叶圣陶先生是这样说的："语文课令学生练习作文，唯求

其能将所知之事物，所思之意念，以书面语言写出，确切明白，无赘无误。此是毕生所需用，非学好不可。至于吟诗作歌，撰写小说戏剧，学生苟有兴为之，教师宜予以鼓励，然非语文课学习之标的也。"叶老的意思很清楚，作文教学不是为了培养小诗人、小作家，而是为了学生获得"一辈子真实受用"的、基本的书面表达能力，在他们有话必须运用书面语言的时候，能够正确熟练地进行表达——这跟《课程标准》的要求是基本一致的。

但在教学中，把学生培养成小作家似乎成了大家的普遍追求。这固然是受考试评价标准的影响，跟教师内心深处对好文章的期待有关，但最根本的原因是我们对作文的认识和定位还不够准确。

苏支超教授把常见的写作分为三种：一是以新闻、广告、文学创作为代表的职业写作。二是一般写作，它是和听、说、读并列的一种语言运用能力，是书面语言满足表达需要的行为。三是训练性写作，即学生作文。训练性写作的目的是使学生具备一般写作的能力，但因为它一般都是从教材（题目）出发，而不是从学生表达的需要和意愿出发，所以它的写作程序、写作成果和评价标准都和职业写作非常相似——叶圣陶先生称这种写作是"颠倒的写作"，因为这种"颠倒"，作文和作文教学的目标在不知不觉中就变成了文学创作和培养小作家。

有人用"浮夸、俗套、文艺腔"来描述当下学生的作文，虽然有以偏概全的嫌疑，但也一针见血地指出了问题——应该说，这跟作文教学的目标不当有很大的关系。要改变这一现状，首先要让作文回归它的本义，不要把本属于职业写作的那些条条框框当作一般写作的理论并用来指导学生作文。其次要千方百计地使训练性写作避开职业写作的路径，尽可能地和一般写作趋于一致（只能是趋于，完全一致很难实现）。几十年来，很多老师在这方面做了许多有益的探索和实验，努力把学生的目光引向真实的客观世界和真实的主观世界，让学生在"有话好说""有话要说"的状态中提高表达的能力，这当中以李吉林老师的"情境作文"，于永正老师"基于交际需要的习作训练"成效最为显著。

二、作文内容：让学生倾吐胸中的"积蓄"

叶圣陶先生一直主张作文要让学生自由地表达心中的"积蓄"。他认为，只要让学生自由地倾吐"积蓄"，作文就是"寻常不过、容易不过的事儿"。当然，这句话也可以反过来理解：如果不让学生倾吐"积蓄"，作文就会变成一件特殊的、困难的事，这其实也是许多学生害怕作文、厌恶作文的主要原因——但这还不是最可怕的，最可怕的是如果让错误的作文经验占据了学生的大脑，他们就会认为自己的所见、所闻、所感都不配作为作文的材料，作文题材必须离开自己的"经验和意思"去苦苦寻觅。他们还会以为作文题材就是那种"说来很好听、写来很漂亮但不和实际生活发生联系的花言巧语"。而"这种花言巧语必须费很大的力气去搜寻，像猎犬去搜寻潜伏在山林中的野兽。搜寻未必就能得到，所以拿起笔写不出什么来，许多次老写不出什么来，就觉得作文真是一件讨厌的事"。所以，引导学生自由地倾吐"积蓄"，不仅仅解决了写什么的问题，也使作文从神秘的、特殊的事情变成寻常的、普通的事情，变成一件人人都可以完成的事情——对作文教学来说，这种认识具有重大的价值和意义。

叶圣陶先生还从"立诚"的高度阐述了倾吐"积蓄"的重要。他说："学生所写的必须是他们所积蓄的。只要真是他们所积蓄，从胸中拿出来的，虽与他人所作大同小异或不谋而合，一样可取；倘若并非他们所积蓄，而从依样葫芦、临时剽窃得来的，虽属胜义精言，也要不得……训练学生写作，必须注重于倾吐他们的积蓄，无非要他们生活上终身受用的意思，这便是'修辞立诚'的基础……又怎能不在教学写作的时候着意训练？"培养一个人怎样写作，在另一个意义上就是培养一个人怎样做人——我们每个语文老师都必须有这样一个清醒的认识，作文教学才能发挥出正面的、积极的作用。

在教学实践中，有些老师常常自觉不自觉地以学生心中没有"积蓄"，学生"积蓄的正确度与深广度"不够为由默许甚至暗示学生在作文时胡编乱造，我们不妨再看看叶圣陶先生的一段话：

"学生胸中有积蓄吗？那是不必问的问题……不说二十将近的青年，就是刚有一点知识的幼儿，也有他的积蓄……所积蓄的正确度与深广度跟着生活的进展而进展；在生活没有进展到某一阶段的时候，责备他们的积蓄不能更正确更深广，就犯了期望过切的毛病，事实上也没有效果。最要紧的还在测知学生当前具有的积蓄，消极方面不加阻遏，积极方面随时诱导，使他们尽量拿出来，化为文字，写上纸面……待生活进展到某一阶段，所积蓄的更正确更深广了，当然仍本着'立诚'的习惯，一丝不苟地写出来，这便是好文章。"

如此看来，我们面对的不是学生有没有"积蓄"的问题，而是我们如何看待这些"积蓄"的问题。许多时候作文表现出来的问题往往不是学生的问题，而是我们老师的问题。

三、作文方法：说话想心思的自然规律

实事求是地说，几乎没有老师不重视作文，但我们必须承认，有些老师重视的不是学生的"表达能力"，而是"应考能力"。这些老师热衷于研究各种"秘诀"，大到谋篇布局，小到外貌描写都形成了一套成熟的"方法"，据说只要按照这种方法，学生就能写出"像样"的作文。我以为，这些所谓的"方法"其实只是套路而已，学生掌握了这些"方法"未必就能在考试中获得好成绩，但这些"方法"却会让作文异化成一件可以不必认真对待的事，这样教的后果实在可怕。

对于作文的方法，叶圣陶先生是这样说的："作文方法，其实是说话想心思的自然规律，世间如果有所谓的作文方法，也不过顺着说话想心思的自然规律加以说明而已。"叶老的意思是作文是没有方法的，如果一定要说有方法的话，那就是"说话想心思的自然规律"。

什么是"说话想心思的自然规律"呢？不妨来看王栋生老师的一个教学案例。王栋生老师工作的学校有一个叫"东墙角"的地方，是一条很窄的巷子。一个同学只用三五句话就把这条巷子写完了，于是他对那个同学说："请你再想想那幅图景，能不能像画画那样，描摹得细致一些？"那个同学回答："老墙上的藤叶已经枯了，但仍然在风中颤抖，一把被丢弃的竹扫帚斜靠在墙上，扫帚柄上已经有了星星点点的绿斑……"王老师继续问："你对那里的景

物有过哪些想象？"学生说："木门上残存的红油漆总是让我想到，19世纪末，这幢楼刚刚落成的时候，大门上的红漆闪闪发亮，还有，那时还是清朝，男子还留着辫子呢！"最后王老师问："在走过东墙角窄巷的时候，你有没有其他人不一定知道的心思？"那个同学想了想说："我希望对面过来的也是女生，最好还是我认识的，巷子太窄，要不我会尴尬。"这时王老师说："好吧，把你刚才的话都补进去，画面出现了，感觉有了，读者也跟你一同走进了东墙角的窄巷了。""说话想心思的自然规律"其实就是你看到了什么、听到了什么，就老老实实、原原本本地写下来，使读者脑海里出现的形象与作者所看到的图像高度吻合，同时把自己的所思所想告诉读者，让读者通过文字跟作者一起到达文字所描绘的地方。

　　散文家王鼎钧先生认为，学生之所以不愿写作，是因为老师的教学思想、教学方法出了问题，没有把最简单、最好的"方法"教给学生。"说话想心思的自然规律"显然是最好的"方法"，但它的价值不仅于此，我们必须看到，只有引导学生按照"说话写心思的自然规律"写作，老师才会规规矩矩地教，学生才会扎扎实实地写，作文教学才能走上正确的轨道。

四、作文修改：引领学生主动地成长

　　叶圣陶先生特别重视修改，他在《作文的练习》一文中说："务令学生自己检查修改已成之篇。此习惯必须养成，因为将来应用之际，总得要自己检查、自己修改……在校作文有老师改，出了学校没有老师改，故必养成自己检查修改的习惯。且老师之改，目的也在于做到自己改，最后阶段则可以少改甚至不需要改。"

　　叶圣陶先生有三个孩子，他经常帮助孩子们修改作文，但他从来不会越俎代庖，总是一边看孩子们的作文一边问："这儿多了些什么？这儿少了些什么？能不能换一个比较恰当的词儿？把词儿调动一下，把句式改变一下，是不是好些？这是什么意思呀？原本是怎么想的？究竟想清楚了没有？为什么表达不出来？怎样才能把要说的意思说明白……"这些问题把孩子们推到了实践的场域中，让孩子们自己去思考、去推敲、去调整、去改进，在一次次

实践中，孩子们收获的不仅仅是修改的能力，他们也知道了修改作文的出发点和基本的方法，最终必然可以抵达"自主修改"的终点。

跟很多老师在办公室里批改习作不同的是，叶圣陶先生主张习作要跟学生一起改，他自己也总是跟孩子们一起改习作。他说："假定学生自己已认真检查过、修改过，而犹有不合处，是必出于疏忽。师生共改，老师即宜注意引起他们自觉其疏忽。彼觉其疏忽，且能自知如何改，当然让彼自改为妙。待老师指出某处偶有疏忽，而彼尚不自觉，其时必甚困惑，于此而为之改，必较发还改本去看印入更深。此法为师生共思考，共找适当的语言，效果肯定是好的。"听说现在有不少学校要求老师批改习作时必须写几条眉批、几行总批，于是老师们整天忙着写批语来应付检查，根本没有时间跟学生交流。这样的批改与学生作文能力的提升基本上没有任何关系。

在作文修改方面，叶圣陶先生还有一个与众不同的地方，就是不追求完美。《文心》（叶圣陶、夏丏尊著，1934年开明书店首次出版）中有这样一个故事：乐华和大文给小学老师写了一封信，两人修改一番后决定请枚叔（大文的父亲，我以为就是叶圣陶、夏丏尊两位先生的化身）指点。枚叔指导他们做了一些调整，最后指出他们"表达情感不充分"，但枚叔并没有要求他们修改，而是说：

"你们能感到不满足，就好了。这原不是多想便可以成功的事，也不全关学力。特意求深切，结果往往平平；有时无意中说几句、写几句，重行回味，却便是深切不过的了。关于表达情感，常有这等情形。将来你们写作的经验多了，也就会知道。"

作文能力的提升有其客观的规律，"不是多想便可以成功的事"，"不全关学力"的事，就不急于要求学生去勉为其难地做。就跟青虫变成蝴蝶一样，它需要一个过程，如果在青虫的身上装上翅膀让它像蝴蝶一样飞行，它不但不能飞行而且连青虫也做不成了，做不成青虫，就意味着它永远也不可能变成蝴蝶。叶圣陶先生用这个故事告诉我们，急于求成、好高骛远是作文教学的大忌，我们要做的是用足够的耐心，引领学生按照自己的节奏主动地成长。

"不要因为走得太远，而忘记为什么出发。"当前，作文教学的常识似乎有被轻视甚至被遗忘的趋势，作文背负着许多不应该承担的包袱，这应该引起我们足够的警惕——重读叶圣陶、研究叶圣陶也许可以帮助我们找回初心、轻装前行。

倾听儿童：建设以"学"为中心的课堂

> "教育的过程是教育者与受教育者互相倾听与应答的过程。当这一过程被阻断或处于混乱无序的状态时，师生之间的交往和沟通就将陷入困境，教育的危机也将随之出现。"
>
> ——李政涛《倾听着的教育——论教师对学生的倾听》

一、教师的"失聪"将导致"学习"离开课堂

作为在教学一线工作了近30年的语文教师，笔者对小学语文教学有着比较全面的了解和清醒的认识。课改以来，小学语文教学的确获得了长足的进步，但仍有不少值得大家关注与思考的现象，其中尤以教师有意无意、有形无形的"失聪"行为为最。

所谓"失聪"，是指不愿意、不善于听取他人话语，汲纳周边信息，不能或者说没有较好地发挥耳朵应有的作用、听力应有的效应。[1]在语文课堂教学中，教师的"失聪"通常有以下几种表现：

（一）选择性倾听

表现为教师只倾听那些能满足自我需要（如契合既定的教学设计）的声音，对那些可能影响自己"顺利"完成教学任务的声音则加以排斥和压制。教学中，我们经常可以看到，当学生的提问或回答不在教师的预设之中时，教师往往会置之不理或者用"这个问题我们课后讨论"等话语敷衍过去。

公开课上，有些教师甚至还会有意无意地诱导学生发出可以"配合"他流畅地完成教学的声音，这些并非从学生心中自然产生的声音，让课堂教学充满了欺骗和虚假，它们既扭曲了师生的心理，也扭曲了语文教学本身。

（二）"表演式"倾听

即教师摆出"我在听你说的样子"，但心里却做着其他的打算。他也许听到了一些声音，但却让这些声音像风一样从耳边飘过。在课堂上通常表现为教师表面上是在和学生就一个话题进行对话，实际却把心思用在对下一个教学环节的组织、看教学设计等上面。学生的声音没有在教师内心漾起哪怕一丝丝的涟漪，他的教学行为也不会因为学生的声音而发生任何改变。

更糟糕的是，有些时候教师连"表演"也不愿意，学生虽然在表达，但教师却没有任何接纳和回应。

（三）错误的倾听

用李政涛教授的话说就是："对于学生声音的内涵、方向和潜在意义，教师未能准确把握……他只满足于把那些能激起情感和思维泡沫的声音概念化，错过了泡沫掩盖下的真实的东西。"一节故事课上，一个小男孩说他想当老巫婆。老师立即对小男孩进行了"善意的"批评。但课后，当笔者跟小男孩交流时，小男孩说，他想做老巫婆不是要做"大坏蛋"，而是希望拥有一把可以飞翔的扫帚！

可怕的是，即使发生了"错听"，教师也难以发现并采取弥补措施。一是因为"错听"只是一瞬间的事，稍纵即逝；二是因为习惯"失聪"的教师根本不知道"错听"已经发生。

在"失聪"语文课堂上，我们可以看到两种相反的现象：一种现象是学生面无表情地笔直地端坐着，课堂似乎跟他们没有任何关系；另一种现象是任由学生漫无边际地讨论、没头没脑地探究，课堂似乎跟老师没有关系。在这样的课堂上，我们当然不能指望学生对"学"感兴趣，当然不能指望学习的真正发生，学生即使"学会"了一些东西，那只是"会做、会记"而已——为了让"学"重返课堂，为了建设以"学"为中心的课堂，小学语文教学现状呼唤"倾听"，呼唤基于"倾听儿童"的语文教学。

那么，何谓基于"倾听儿童"的语文教学？笔者是这样理解的：

倾听——"倾"含有"用尽（力量）"的意思，指非常投入、十分专注。倾听，认真细心地听取，即借助多种感官接受言语信息，进而通过思维活动达到认知、理解、领悟等的过程。

基于"倾听儿童"的语文教学——是指以倾听儿童为基础进行的语文教学。具体地说，它以倾听儿童的"疑"和"惑"作为教学的出发点，以师生之间、生生之间的相互倾听作为推动课堂教学前进的力量，以倾听儿童的发现和表达作为课堂教学的目的。在基于"倾听儿童"的语文教学实践场域中，我们希望教师的教学实现从教师立场向儿童立场的转变，学生的学习实现从被动向主动的转变，教师对儿童的理解和发现实现从抽象到具体的转变，最终达到建设以"学"为中心的课堂的目的。

二、教师的倾听与儿童的学习具有极其深刻的内在关联

繁体的"学"字上部有两个"×"，这两个"×"都表示交往的意思。上面的"×"表示祖先的神灵，意思是和文化遗产交往，下面的"×"表示同学之间的交往。包裹着"×"的两侧指大人的手，意思是大人向儿童的交往伸出双手，或者说大人想方设法地支持学生在交往中成长。建设以"学"为中心的课堂不是脱离教师的"自学自习"，也不是脱离伙伴的"个体学习"，而是在各种"交往"和"联系"中的主动学习。倾听包含着谦虚、尊重、理解、接纳、开放、对话等丰富的意蕴，为建设以"学"为中心的课堂奠定了基础。

（一）倾听可以帮助教师明确自己的定位

建设以"学"为中心的课堂，教师首先必须找准自己的位置。跟前文描述的课堂上的两种现象相对应的是，我们可以看到两种截然不同教师：一种是完全霸占课堂，自编自导、自演"课堂剧"的教师；一种是让出课堂，不敢"教"甚至不敢"说话"的教师。相对于第一种教师，第二种教师的行为往往给人一种学生在"学习"的假象，更值得我们警惕。

杨启亮教授说："师生关系平等，（但）教学关系永远不平等。不平等的原因就是教必须肩负主要的责任，他应该拥有主要的权力。"教师既不能放弃"教"的权利，又不能霸占课堂，怎样才能找到两者之间的平衡点呢？这时，"倾听"就可以发挥积极的作用。通过倾听学生有声和无声的语言，教师就能准确地把握学生的学习水平和心理状况，采取有效的方法把学生调整到

孔子所说的"愤""悱"的状态，即跃跃欲试，非常渴望学习的状态，但这时还不直接给他——这就是与"灌输"的最大区别——而是用"启""发"的方法点到为止，让学生一步步逼近目标。倾听的教师会坚牢牢把握"教"的权力，但他不会不管学生喜欢不喜欢就硬生生地往里灌，而是以倾听为途径鼓励、引导、促进学生不断前行。

（二）把"教"落实在儿童"学"的起点上有赖于倾听

跟其他学科不同的是，儿童在入学之前就基本上掌握了母语，他们认识了一定数量的汉字后就可以自主地进行阅读。这就要求语文教学不能从零点出发，从原点起步，而是要解决儿童需要解决的问题，发展儿童需要发展的能力，把"教"落实在儿童"学"的起点之上。

由于倾听的缺失，我们不难发现，很多老师不是教儿童"学"的起点上，而是教在自我的经验上，教在自我的兴奋点上，教在教案上，教在习题上，甚至教在考点上，和"学"实际上出于"分裂"的状态之中……起点的缺席，让教学失去了基础，它不知道该从哪里出发，即使知道要走到哪里去，也找不到正确的路径。我以为，这是造成语文教学高耗低效的重要原因。

倾听为发现"学"的起点提供了机会，但"学"的起点是动态生成的。因为一个起点解决了，另一个新的起点便又诞生了。新起点的诞生，意味着又一教学环节的开始。所以基于"倾听儿童"的语文教学追求的不是"发言热闹的教室，而是相互倾听的教室"，它要求教师时时保持着警觉，通过倾听让随时寻找、把握新的起点，让教学永远从起点出发。这样的教学始终以学生的需要为基础，所以学生会始终保持着强烈的求知欲望和高涨的学习热情。

（三）"倾听"让"学习"真正发生

佐藤学教授认为："所谓学习，是与作为教育内容的对象世界（物）的接触与对话，是与在此过程中发展的其他学生的或教师的认识的接触与对话，是与新的自我的接触与对话。"由此，我们可以说，让"学习"在课堂上真正发生，就是要让接触与对话真正发生。而接触与对话的基础是倾听，没有倾听就没有真正的接触对话，没有真正的接触与对话课堂上就不会发生真正的学习。

上海师大的吴忠豪教授曾用学车来描述当前语文教学中的一些现象。他说,但很多时候,我们的语文课常常是教师坐在驾驶的位置上喋喋不休,学生在副驾驶上点头应答。这种一问一答看似热闹,但却只是"听话"而不是"对话"。学生既没有与教师的互动,更没有与汽车、与自己的互动——在这种情况下学习不可能真正发生,学生也永远不可能学会开车。

基于"倾听儿童"的语文教学以师生之间、生生之间的相互倾听作为推动课堂教学前进的力量。它既强调教师与某一位学生之间的互相倾听,也注重教师与学生各种各样的想法、认识相互激荡回响的活动,还有生生之间的互相应答。所以,基于"倾听儿童"语文课堂就像一张大网,教师和学生都是网上活动的节点,大家彼此分享经验、分享知识、分享智慧,孩子们往往会获得许多基于不确定的确定,这其实就是许多学者公认的学习的高级形态。

三、"听到什么"取决于倾听的态度和习惯

"教师倾听的根本目的是倾听生命和呼应生命。但生命并非抽象的生命,它具体体现在各种欲望、需求、情感、思想,体现在个体生命的差异和区别之上。"这些也是语文教学教学必须倾听的内容。

(一)倾听儿童的疑问

孙绍振教授认为,当前中小学语文课堂教学最突出的问题是授课老师不能准确地把握"教什么"的问题。不少教师课堂上讲授的都是学生已经知道的东西。这引发出两种现象:要么是学生感觉没兴趣,要么是教师一讲,学生反而糊涂了。笔者以为,解决这个问题途径之一就是"倾听",倾听儿童的疑问。

特级教师孙双金老师执教的《天游峰的扫路人》获得了广泛的好评,一个重要的原因就在于他十分善于倾听儿童的"疑问"。课的一开始,孙老师就请学生就课题进行提问,然后让学生带着提问通读全文。初步回答问题后,孙老师继续请大家研读课文,并用"学贵有疑,小疑则小进,大疑则大进"的古训提示同学们要边读书边思考,发现更多的问题。接下来的环节中,如果学生提出的问题是"小疑",教师马上请其他同学解答;如果是"大疑",就请该生把它写在黑板上,合并归类后供全班讨论交流。最后,老师要求学

生在倾听同伴的基础上提出的自己的想法，进行问题的进一步追问和探讨。整个课堂从倾听学生的提问开始，以解决学生的提问为核心，最后以倾听学生的阅读感受结束。基于倾听儿童"疑问"的教学让师生的心灵始终处于异常活跃的状态，让教学过程成为一个不断碰撞、不断探讨，不断生成新意义的过程；倾听疑问，在这节课不仅是贯穿始终的红线，也是连接教育者与受教育着的纽带，更是师生之间相互引导，不断推动教学前进的强大力量！

除了学生的提问，教师还有很多倾听儿童"疑问"的途径和机会：倾听学生的表达，发现疏漏、偏颇之处；倾听学生的朗读，发现错误、滞涩之处；"倾听"学生的表情，捕捉困惑、沉思之处……凡此种种，都是学生的疑问，都是"教什么"的重要内容。

（二）倾听儿童的情感

儿童与文本的对话必然伴随着个性化的情感活动。对学生情感动向和状态细致入微地把握，并及时加以协调和引导，是成功教育的重要标志。而一个善于倾听的教师，总能迅速准确地从学生发出的各种声音中听出不满、悲哀、快乐和喜悦等各种情感，同时在教学上作出适当及时的反应和调整。如果忽视了学生的情感，师生之间的交往和对话就失去重要的基础，教学也会随之陷入困境。

一位老师执教《小鹰学飞》，第三个活动是"朗读课文，分角色表演"。读着读着，一个小男孩发"牢骚"了："老鹰的要求太高了，不管小鹰怎样努力，他都'摇摇头'不满意。"同组的孩子也纷纷附和："就是！小鹰已经累得说不出话来了，可老鹰一点表扬、鼓励都没有！""如果我是小鹰，我就不飞了！"面对突如其来的情况，执教老师认真倾听，敏锐地捕捉到了学生的内心的情感波澜：他们不喜欢老鹰严厉的教育方式！于是果断地调整了活动内容：按自己喜欢的方式修改老鹰的形象，分角色表演。孩子们喜出望外，你一言，我一语，不一会儿就塑造出既高标准严要求，又善鼓励会引导的老鹰形象。这个环节的活动不仅让学生的批判精神得到鼓励、创造能力得到锻炼，而且对文本所阐发的"不断学习、永不满足"的道理也有了更深的理解，教学也达到了"不隔"的境界。

很多时候，小学生的情感表达可能只是一句话、一个词语或者是一声感

185

叹，极容易淹没在各种声音之中，它时时刻刻考验着教师倾听的意识和能力。所以，我们也可以说，教师倾听的能力在一定程度上也是他教学能力的体现。

（三）倾听学生思想

一个善于倾听的教师不仅可以感受学生的情感，更能捕捉到隐藏在学生声音深处的思想。当学生发现自己的思想被教师倾听并接纳的时候，他们就与教师建立了更深一步的交往关系——思想上的交往。于是，他就对自己充满了自信，真正感受到自己作为一个人而不仅仅作为一个学生的尊严和价值。

陈忠实的散文《青海高原一株柳》的第八节把青海高原的柳和家乡灞河的柳进行对比，突出了身处逆境但坚强不屈的英雄形象。我设计的活动是"反复阅读课文第八节，体会作者的情感，领悟文章的写法。"一个孩子在交流时说，他虽然敬佩高原柳树强大的生命力，但也喜欢灞河柳树的婀娜多姿。我立刻明白了，孩子是想说，一个人出生、成长的环境不应该成为褒贬他的依据。于是我临时增加了一个讨论内容：如果你是一株灞河边的柳，你怎样想，怎样做？孩子们的发言深刻而精彩：

生1：我们都很敬佩高原柳树的坚韧、顽强，但是生长的环境是无法选择的，如果我是灞河的柳，我会格外珍惜灞河良好的环境，努力地生长。

生2：如果有一天我懈怠了，我会想想高原那恶劣的环境，想想高原上我的那些兄弟姐妹，我一定会振作精神长得更高更大。

生3：我不会辜负老天对我的眷顾，我一定努力吸收养分，为人类送去更多的绿色，更多的清凉，更多的诗情和画意。

雅斯贝尔斯说："教育的本质意味着一棵树摇动一棵树，一朵云推动一朵云，一个灵魂唤醒一个灵魂。""摇动""推动""唤醒"的过程其实就是师生之间思想的交流和碰撞的过程，这是倾听的最高境界。

（四）倾听学生的差异

苏霍姆林斯基《给教师的建议》第一条就是："请记住，没有也不可能有抽象的学生。"他反复提醒我们，在教学中应该"采取个别对待的态度"。所谓"个别对待"就是要倾听学生的差异，在不同的声调中听出"具体的人"。

一位老师在执教《王二小》时问："王二小把敌人引进八路军的埋伏圈时，会喊什么？"在"八路军叔叔开枪啊！""八路军叔叔快拉地雷！"等回答中，一个孩子怯生生地说："王二小会说，鬼子来了，八路军叔叔快来救我啊！"他的回答引起了一阵哄笑。

"八路军叔叔开枪啊！"这样的回答当然是合理的，但可能只是一个"习惯性"的回答，而不是基于研读文本的结果。"八路军叔叔快来救我啊！"当然不会从王二小口里喊出来，但却是当下的孩子面对死亡威胁时的合理反应——教师必须回应这些不同的声音。一个老师是这样做的：

师：哦，王二小希望八路军叔叔来救他，说明王二小担心自己。同学们想一想，王二小是不是这样想的？

生：不是，王二小是儿童团员，他给八路军放哨，他特别恨敌人，他不怕死。

师：看黑板上这句话（把敌人带进埋伏圈），你还能从哪里看出王二小不怕死？

生：王二小沉着地给凶狠的敌人带路说明他不怕死。

师：从哪里看出王二小机智？

生：他能装出顺从的样子。

师：此时，王二小心里想的是怎么消灭这些敌人，唯独没有想到的是他自己，这是一种什么精神？

生：不怕死。

师：也就是说不怕牺牲的精神。（板书：不怕牺牲）

"倾听学生的发言，好比是在和学生玩棒球投球练习，把学生投过来的球准确地接住，投球的学生即便不对你说什么，他的心情也是很愉快的。学生投得很差的球或投偏了的球，如果也能准确地接住的话，学生后来就会奋起投出更好的球来。"——笔者以为倾听差异最大的意义不在于一个精彩的教学片段，而在于可以营造一个相互倾听的教室，在这样的教室里，每个孩子都会得到心灵上的满足和快乐。

跟吃饭一样，倾听是一种本能。很多老师不是不能听，而是不愿听。从失聪到倾听，必须改变我们的态度和习惯。

倾听需要教师发自内心地尊重儿童。当教师真正尊重儿童的时候，即使学生的表达凌乱琐碎、言不达意甚至"幼稚可笑"，他也能以极大的耐心倾听，并捕捉到关键的声音。

倾听需要教师保持专注。教学的机会、学生发展的机会蕴藏在无数个转瞬即逝的瞬间之中。专注的态度可以帮助教师时时保持高度的敏感，抓住那些不可重复的瞬间，与学生进行发自内心的对话和交流。

倾听需要教师的冷静。学生的表达、特别是一群学生的表达很多时候都显得特别复杂和烦乱。冷静倾听的教师不会因为声音的混乱而烦躁，总是能理智地从学生的心灵深处听到他们的呼喊和吁求。

倾听需要教师用学习的眼光对待儿童。儿童身上保留着人类智慧的原初状态，保留着许多被成人丢弃的优秀品质（包括思维方式等）。当教师真正把儿童当成老师的时候，就可以听到许多被忽略的声音，获得更多的发现和惊喜。

倾听还需要教师设身处地做儿童。陶行知先生要求"未来的教师"都要成为孩子。成为孩子，我们才能"痛苦着你的痛苦，幸福着你的幸福。"我们才能听到轻如涟漪般的喜悦，才能辨识细如微风般的呻吟。

冯卫东教授曾经把"倾听"比作课堂教学的多米诺骨牌，现在这块骨牌已经摇摇欲坠，到了必须扶正和加固的时候——倾听儿童，建设以"学"为中心的课堂才能成为可能，其他的一切才能成为可能。

参考文献

1. B.A.苏霍姆林斯基.给教师的建议[M].杜殿坤，译.北京：教育科学出版社，1984.
2. 佐藤学.静悄悄的革命[M].李季湄，译.长春：长春出版社，2003.
3. 黑柳彻子.窗边的小豆豆[M].赵玉皎，译.海口：南海出版公司，2003.
4. 叶圣陶.叶圣陶教育名篇[M].北京：教育科学出版社，2007.
5. 王栋生.王栋生作文教学笔记[M].北京：江苏教育出版社，2012.
6. 冯卫东.为"真学"而教——优化课堂的18条建议[M].北京：教育科学出版社，2018.
7. 杨启亮.教学有法，法无定法[J].上海教育科研，2016（7）.
8. 李政涛.倾听着的教育——论教师对学生的倾听[J].教育理论与实践，2010（7）.
9. 冯卫东."倾听教育"：培养一双"道德的耳朵"[J].福建教育，2010（4）.